CB016836

DOUTRINAÇÃO PARA INICIANTES

EDITORA EME

Solicite nosso catálogo completo, com mais de 500 títulos, onde você encontra as melhores opções do bom livro espírita: literatura infantojuvenil, contos, obras biográficas e de autoajuda, mensagens espirituais, romances, estudos doutrinários, obras básicas de Allan Kardec, e mais os esclarecedores cursos e estudos para aplicação no centro espírita – iniciação, mediunidade, reuniões mediúnicas, oratória, desobsessão, fluidos e passes.

E caso não encontre os nossos livros na livraria de sua preferência, solicite o endereço de nosso distribuidor mais próximo de você.

Edição e distribuição

EDITORA EME

Avenida Brigadeiro Faria Lima, 1080 – Vila Fátima
CEP 13369-040 – Capivari-SP
Telefones: (19) 3491-7000 | 3491-5449
Vivo (19) 9 9983-2575 | Claro (19) 9 9317-2800
vendas@editoraeme.com.br – www.editoraeme.com.br

@editoraeme /editoraeme editoraemeoficial @EditoraEme

LUIZ GONZAGA PINHEIRO

DOUTRINAÇÃO PARA INICIANTES

Capivari-SP

© 2017 Luiz Gonzaga Pinheiro

Os direitos autorais desta obra são de exclusividade do autor.

A Editora EME mantém o Centro Espírita "Mensagem de Esperança", e patrocina, junto com outras empresas, a Central de Educação e Atendimento da Criança (Casa da Criança), em Capivari-SP.

4ª reimpressão - agosto/2024 - de 5.501 a 6.000 exemplares

CAPA | André Stenico
DESIGN GRÁFICO E DIAGRAMAÇÃO | Victor Benatti
REVISÃO | Editora EME

Ficha catalográfica

Pinheiro, Luiz Gonzaga, 1948
Doutrinação para iniciantes / Luiz Gonzaga Pinheiro - 4ª reimp. ago. 2024 - Capivari-SP: Editora EME.
256 p.

1ª ed. fev. 2017
ISBN 978-85-9544-000-5

1. Espiritismo. 2. Mediunidade.
3. Doutrinação de espíritos. I. TÍTULO.

CDD 133.9

SUMÁRIO

DEDICATÓRIA

Para Simone França. Que tenha força,
ânimo e coragem para chegar ao quinto passo
ainda nessa encarnação. Uma certeza lhe dou:
nunca estará sozinha. Estarei sempre ao seu lado.

01

INTRODUÇÃO

DOUTRINAÇÃO DE ESPÍRITOS é uma das mais belas tarefas dentro da casa espírita, mas, também, uma das mais difíceis de executar. Necessita de uma excelente base doutrinária, de ser vigilante e íntimo da oração, de ser um bom argumentador, de ter conhecimentos gerais de história, de saber usar a disciplina e a caridade sem que esta amoleça aquela e a primeira não atropele a última.

Um curso sobre doutrinação é algo difícil de ser ministrado e requer antes de tudo que o expositor seja um doutrinador, pois nesse tema a prática é essencial para que a teoria seja eficazmente aplicada. A doutrinação não ocorre no campo do intelecto, mas do sentimento. Todo discurso vazio de emoção positiva, de sentimento sincero não surte o efeito desejado no enfermo ou no obsessor que se comunica.

Além desses fatores mencionados o doutrinador deve ter força moral acima de seus circunstantes encarnados e desencarnados, ou seja, daqueles destinados a lhe ouvir a argumentação que poderá mudar suas vidas. O comunicante tem meios de descobrir se o que é dito é sentido, se a palavra tem uma veste, o sentimento.

Não é que ele deva ser um super-homem dotado de evolução moral acima de qualquer suspeita. Mas não poderá fingir grandeza ou virtude caso não as possua, pois será invariavelmente combatido e vencido. O evangelho de Jesus é a sua grande arma, a matéria-prima essencial, a essência de sua argumentação. Sua intuição deve ser apurada sob pena de não "ouvir" o que seus mentores lhe aconselham, não perceber as intuições nem as informações sobre o comunicante. Caso não tenha afinidade e intimidade com seu mentor, suas ordens mentais de regredir, adormecer, voltar no tempo, esvaziar a mente, reduzir o perispírito, dentre outras, não serão cumpridas. Durante o sono físico deverá sair conscientemente do corpo com seu planejamento estabelecido e invariável: encontrar-se com seus instrutores a fim de planejarem as tarefas próximas.

Deverá dominar determinados temas doutrinários extremamente necessários à boa condução da reunião, dentre eles, perispírito, obsessão, desobsessão, doutrinação, fluidos, passes, regressão de memória, chacras, enfim, ter domínio completo da codificação kardequiana. Se ele tiver essa base sólida jamais ficará encurralado sob a pressão de um cientista das trevas ou de um intelectual materialista. Com o domínio da codificação ele sempre terá o que dizer, como combater, como argumentar, como se impor.

O doutrinador necessita de muito estudo, da mesma maneira que um médico precisa de atualização constante para bem exercer a medicina. Deverá trabalhar no grupo a afetividade, sem a qual não formará um padrão vibratório necessário adequado a uma UTI mediúnica. Deve ser o tipo de pessoa disposta a ajudar seus semelhantes e sem nenhuma vontade de agredir, seja ser vivo ou inanimado.

Caso algum conceito surja mais de uma vez em módulos diferentes, isso decorre da necessidade de enquadrá-lo especificamente naquele módulo, mas que ele, também, se relaciona intimamente a outros temas.

Portanto, sejamos bons doutrinadores, pois ao doutrinar somos igualmente doutrinados. O esforço de renovação moral, uma vez empreendido, é causa de redenção espiritual e de libertação das amarras viscosas da matéria. E que Deus, na Sua imensa misericórdia tenha piedade de nós, doutrinadores, porque muitas vezes somos perturbados por nossas próprias lições.

Boa leitura e excelente prática.

02

A REUNIÃO MEDIÚNICA PELO LADO INVISÍVEL

RESOLVEMOS UTILIZAR ALGUMAS figuras como complemento do texto e apoio pedagógico até mesmo porque uma figura pode dizer mais que uma dezena de palavras. Vamos analisar os elementos da imagem a fim de extrairmos dela uma ideia mais clara e precisa do que ocorre pelo lado espiritual no momento da doutrinação.

Pelo chamado lado invisível a percepção da sala mediúnica se mostra totalmente diversa da que se observa pelo lado material. O espaço se dilata e parece não ter um limite bem estabelecido e através dele os videntes observam constantemente a entrada e saída de enfermeiros e de enfermos, utilização de aparelhagem, de macas, emprego de tecnologia sofisticada, além dos mentores em constante e profícuo trabalho.

No ambiente astral acoplado ao centro espírita há enfermarias, armamentos bélicos para contenção de baderneiros, naves para transporte de carga e de pessoal, enfim, uma infraestrutura completa e bem aparelhada a serviço do posto de emergência.

Aprofundando o olhar no ambiente (quadro), mais especificamente dentro do espaço reservado às doutrinações, podemos observar uma tela que reproduz as imagens projetadas pelo pensamento daquele que se comunica. Na linguagem de André Luiz seria algo semelhante a uma gaze tenuíssima, com dispositivos especiais, medindo por inteiro um metro quadrado, aproximadamente. Vejamos como esse aparelho é utilizado na descrição do autor citado.

> O mentor espiritual da reunião acionou pequena chave num dos ângulos do aparelho e o tecido suave se cobriu de leve massa fluídica, branquicenta e vibrátil.

Em seguida, postou-se novamente ao pé de Raul Silva (médium doutrinador), que, controlado por ele, disse ao comunicante (espírito sofredor):

– Lembre-se, meu amigo, lembre-se! Faça um apelo à memória! Veja à frente os quadros que se desenrolarão aos nossos olhos!...

De imediato, como se tivesse a atenção compulsoriamente atraída para a tela, o visitante fixou-a e, desde esse momento, vimos com assombro que o retângulo sensibilizado exibia variadas cenas de que o próprio Libório (espírito sofredor) era o principal protagonista. Recebendo-as mentalmente, Raul Silva passou a descrevê-las...

O condensador ectoplásmico tem a propriedade de concentrar em si os raios de força projetados pelos componentes da reunião, reproduzindo as imagens que fluem do pensamento da entidade comunicante (espírito sofredor), não só para a nossa observação, mas também para a análise do doutrinador, que as recebe em seu campo intuitivo, agora auxiliado pelas energias magnéticas do nosso plano.

– Nada de espanto – alegou o orientador; o hóspede espiritual (espírito sofredor) apenas contempla os **reflexos da mente de si mesmo**, à maneira de pessoa que se examina, **através de um espelho**.

– Mas, se estamos à frente de um **condensador de forças** – considerei – precisamos concluir que o êxito do trabalho depende da colaboração de todos os componentes do grupo.

– Exato – confirmou o Assistente – **as energias ectoplásmicas** são fornecidas pelo conjunto dos compa-

> nheiros encarnados, em favor de irmãos que ainda se encontram semimaterializados nas faixas vibratórias da experiência física. Por isso mesmo, Raul Silva e Clementino (mentor espiritual) necessitam do concurso geral para que a máquina do serviço funcione tão harmoniosamente quanto seja possível. Pessoas que exteriorizem sentimentos menos dignos, equivalentes a princípios envenenados nascidos das viciações de variada espécie, perturbam enormemente as atividades dessa natureza, porquanto arrojam no condensador as sombras de que se fazem veículo, prejudicando a eficiência da assembleia e impedindo a visão perfeita da tela por parte da entidade necessitada de compreensão e de luz (*Nos domínios da mediunidade* - André Luiz).

Continuando nossa observação no quadro, vemos nele exposto a presença dos enfermos amparados por enfermeiros e um espírito em comunicação. Note-se que o espírito comunicante não necessita entrar no corpo do médium, apenas aproximar-se dele. Quando os perispíritos dos dois, do médium e do comunicante, se aproximam, forma-se uma atmosfera fluídica entre ambos que permite a troca de pensamentos e de sensações.

Percebe-se, ainda, na imagem, livros sobre a mesa, *O Evangelho segundo o Espiritismo* e *Desobsessão*, de André Luiz, ambos necessários ao estudo que antecede a parte prática de uma reunião de educação da mediunidade. Tais livros podem permanecer sobre a mesa durante a parte prática se os médiuns já são educados, pois em reuniões de principiantes, estudantes que ainda não dominam bem o comunicante raivoso, este pode atirar um desses objetos sobre alguém. Por isso aconselha-se a que não permaneça sobre a mesa, relógios, óculos, chaves ou qualquer coisa que possa ser utilizada como arremesso.

Observamos, também, que os mentores podem ser brasileiros, estrangeiros, das diversas religiões, brancos, hindus, índios, pois em todas as nações existem bons espíritos que cuidam de seus irmãos com amor e dedicação. Há de se lembrar aqui que o rótulo doutrinário nada representa para os bons espíritos, uma vez que eles são unidos pelo desejo de fazer o bem e não por siglas ou rótulos. Esse lembrete é para aqueles que discriminam determinadas entidades, tais como índios, pretos-velhos, crianças, dentre outras.

Observa-se ainda, a presença de médiuns de vibração, sempre importantes no conjunto e de passistas, que auxiliam o doutrinador no acolhimento aos enfermos. Nesse tipo de reunião apenas um doutrinador fala. Seu auxiliar é uma espécie de reserva para momentos oportunos. E que Deus o ajude, pois da sua fala depende muito a harmonia da reunião.

O médium que transmite a comunicação apresenta-se calmo e consciente do seu dever. Certamente segue o bom conselho de estudar constantemente a fim de evitar ser mistificado.

Quando ocorre uma mistificação deve-se ter o máximo de cuidado para não acusar o médium de mistificador, pois quem mistifica é o comunicante. O médium foi a vítima que precisa ficar mais atenta e fiscalizar melhor seu trabalho.

O mobiliário da sala mediúnica deve ser austero e

confortável. Se possível climatizado, cadeiras rígidas, local sem barulho e sem interferências externas. Nunca é demasiado lembrar que nesse recinto, à semelhança de uma UTI, o respeito e a disciplina são obrigatórios, pois quando os médiuns o adentram, lá já se encontram mentores e enfermos aguardando-os.

Quanto ao lado invisível da reunião, lembremo-nos de que Jesus advertiu a Tomé sobre ser bem-aventurado aquele que não vê e crê. Considero justo terminar esse texto com um pensamento de Platão: "O que faz andar o barco não é a vela enfunada, mas o vento que não se vê."

03

SUTILEZAS DA MEDIUNIDADE

MÉDIUM: A PALAVRA médium é uma expressão latina que significa "meio" ou "intermediário". Allan Kardec dela apropriou-se para designar as pessoas que são portadoras da faculdade mediúnica.

A base orgânica da mediunidade é indiscutível: "A faculdade propriamente dita é orgânica." (*O Livro dos Médiuns*, cap. XX). O corpo é o veículo da mediunidade, o meio através do qual ela se expressa no plano físico. Na obra *Libertação*, de André Luiz, observamos a mediunidade sendo praticada no plano espiritual em diversos níveis.

TODOS NÓS SOMOS MÉDIUNS?

Para responder a esta inquietante pergunta recorramos a *O Livro dos Espíritos* em sua questão 459.

> Os espíritos influem sobre os nossos pensamentos e as nossas ações?
>
> – Nesse sentido a sua influência é maior do que supondes, porque muito frequentemente são eles que vos dirigem.

Em *O Livro dos Médiuns* (159) aprofundamos mais o raciocínio:

> Toda pessoa que sente a influência dos espíritos, em qualquer grau de intensidade, é médium. Essa faculdade é inerente ao homem. Por isso mesmo não constitui privilégio e são raras as pessoas que não a possuem pelo menos em estado rudimentar. Pode-se dizer, pois, que todos são mais ou menos médiuns. Usualmente, porém, essa qualificação se aplica somente aos que possuem uma faculdade mediúnica bem caracterizada, que se traduz por efeitos patentes de certa intensidade, o que depende de uma organização mais ou menos sensitiva.

O QUE DIFERE O CORPO DE UMA PESSOA MÉDIUM DE OUTRA NÃO MÉDIUM?

A facilidade no desdobramento ou saída do perispírito do corpo físico; a larga desarticulação das forças anímicas e o sistema nervoso mais adequado ao transe mediúnico. A mediunidade é espiritual, mas necessita no plano físico de um corpo adequado à sua prática. Podemos resumir esta questão dizendo que o perispírito do médium se expande com mais facilidade.

MÉDIUM: O PRIMEIRO ENFERMEIRO DO COMUNICANTE

Cabe ao médium em sua comunicação acalmar o comunicante, inspirar-lhe confiança, tolher seus movimentos agressivos ou atitudes inadequadas, inibindo suas manifestações de rebeldia e de agressividade, estabelecendo um limite mínimo possível para quaisquer reações em desarmonia com a reunião. O médium deve agir para com o comunicante de maneira clara sem deixar dúvidas quanto a essas questões. Ao sentir que o comunicante vai tentar algo desagradável deve dirigir-se a ele e enfaticamente dizer-lhe: "se tentar passar do limite que eu tracei para sua participação, impeço a sua atuação". Como ele fará isso? Basta reassumir o controle do seu corpo.

SOBRE MEDIUNIDADE SER UMA FACULDADE HUMANA

- O médium dormindo continua médium.
- O médium ao desencarnar continua médium.
- É faculdade humana porque animal não tem mediunidade.

- O médium precisa de um corpo físico adequado à condição exigida pelo exercício mediúnico.

PAPEL DOS MÉDIUNS NAS COMUNICAÇÕES

Como distinguir se o espírito que responde é o do médium ou se é outro espírito? *(O Livro dos Médiuns,* cap. 19)

– Pela natureza das comunicações. Estuda as circunstâncias e a linguagem e distinguirás. É, sobretudo, no estado sonambúlico ou de êxtase que o espírito do médium se manifesta, pois então se acha mais livre. No estado normal é mais difícil. Há respostas, aliás, que não lhe podem ser atribuídas. Por isso é que te digo para observar e estudar.

O empréstimo do nome não pode ser considerado uma fraude? *(O Livro dos Médiuns,* cap. 24)

– Seria uma fraude se feito por um espírito mau que desejasse enganar. Mas sendo para o bem, Deus permite que assim se faça entre os espíritos da mesma ordem, pois entre eles existe solidariedade e similitude de pensamentos.

SOBRE A NECESSIDADE DO ESTUDO

Quando somos obrigados a servir-nos de médiuns pouco adiantados, nosso trabalho se torna mais demorado e penoso, pois temos de recorrer a formas imperfeitas de expressão, o que é para nós um embaraço. Somos, então, forçados a decompor os nossos pensamentos e ditar palavra por palavra, letra por letra, o que nos é fatigante e aborrecido, constituindo verdadeiro entrave à presteza e ao bom desenvolvimento de nossas manifestações. (*O Livro dos Médiuns*, cap. 19).

Jamais ele (o médium) deve se esquecer de que a simpatia que conseguir entre os espíritos bons estará na razão dos esforços para afastar os maus. Convicto de que a sua faculdade é um dom que lhe foi concedido, para o bem, não se prevalecerá dela de maneira alguma, nem se atribuirá qualquer mérito por possuí-la. Recebe como uma graça as boas comunicações, devendo esforçar-se por merecê-las através da sua bondade, da sua benevolência e da sua modéstia (*O Livro dos Médiuns*, cap. 20).

CONDIÇÕES TÉCNICAS PARA QUE OCORRA UMA COMUNICAÇÃO MEDIÚNICA: AFINIDADE FLUÍDICA E SINTONIA VIBRATÓRIA.

AFINIDADE FLUÍDICA

A facilidade da comunicação depende da semelhança entre os dois fluidos, que também vai estabelecer a intensidade da assimilação fluídica e as impressões causadas ao médium. Determinados médiuns têm muita facilidade em transmitir comunicações de sofredores, pois seus fluidos se casam bem com este tipo de comunicante. Isso não é um indicativo de que o médium seja melhor ou pior que outro, apenas suas características são mais definidas para determinado tipo de comunicante. Com o exercício mediúnico o médium vai se tornando flexível, ou seja, atinge uma maior gama de comunicações, pois seus fluidos passam a se mesclar com mais facilidade.

Conexão psíquica

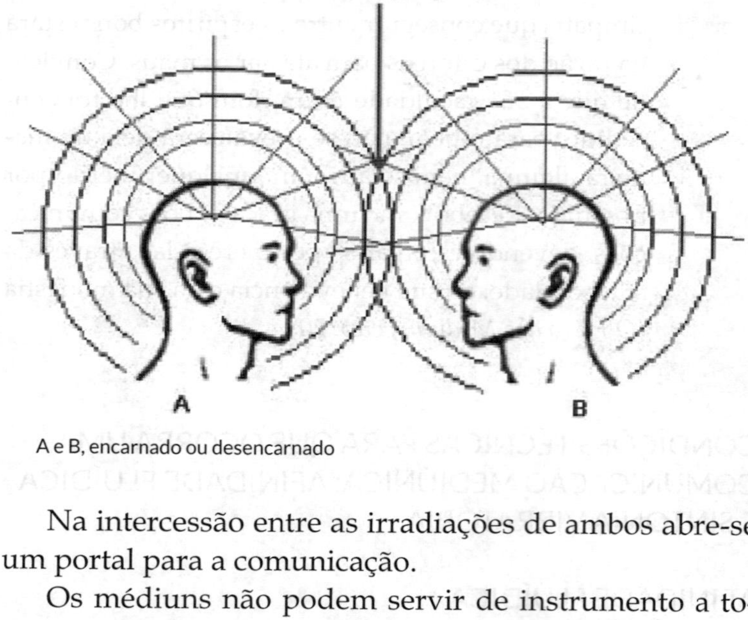

A e B, encarnado ou desencarnado

Na intercessão entre as irradiações de ambos abre-se um portal para a comunicação.

Os médiuns não podem servir de instrumento a todos os espíritos, indistintamente. As manifestações dos espíritos são reguladas pela lei da afinidade fluídica. Esta lei é a seguinte: Para que uma manifestação se produza é preciso que o perispírito do médium tenha afinidade fluídica com o perispírito do espírito que quer se manifestar.

SINTONIA VIBRATÓRIA

As pessoas de moral idêntica se atraem e de moral contrária se repelem. Para um espírito assimilar o pensamento de outro necessita estar emitindo ondas mentais na mesma frequência vibratória. Sintonizar com um assassino para efeito de uma comunicação mediúnica, um obsessor, um espírito vingativo, não significa pensar como ele. A vontade de servir, a perseverança, o colocar-se à disposição dos bons espíritos para o trabalho permite ao médium compensar suas vibrações com ele. É dessa maneira que o médium permite que o comunicante se utilize da sua voz.

COMUNICAÇÕES DE ESPÍRITOS SUPERIORES

Sabe-se que nem sempre existem médiuns em condições de formar uma sintonia vibratória com um espírito elevado, digamos doutor Bezerra de Menezes. Mas existe a necessidade de que a mensagem seja direcionada para aquele grupo. Quando estas mensagens são muito importantes, o espírito superior pode atuar à distância, tendo como intermediário outro espírito em condições vibratórias menos elevadas. Denomina-se este processo de telemediunidade. Nesta, o espírito superior joga a ideia para outro, que a capta e lhe reduz a frequência das ondas. Assim agindo sucessivamente a mensagem chega ao médium encarnado que consegue assimilar seu conteúdo.

> O espírito encarnado do médium exerce alguma influência sobre as comunicações que deva transmitir, provindas de outros espíritos? (*O Livro dos Médiuns,* cap. 19)
>
> – Exerce, porquanto, se estes não lhe são simpáticos, pode ele alterar-lhes as respostas e assimilá-las às suas próprias ideias e a seus pendores; não influencia, porém, os próprios espíritos, autores das respostas; constitui-se apenas em mau intérprete.

IMITAÇÃO DO PERISPÍRITO

O espírito pode fazer com que seu perispírito se assemelhe a outro com a finalidade de enganar o médium fazendo-se passar por quem imita. Um meio de neutralizar essa artimanha é procurar sentir a vibração, o clima psíquico do comunicante a fim de observar se ela provoca bem-estar ou não.

O cérebro aprende por padrões e conforme esses padrões são apreendidos, não precisamos analisar situações corriqueiras em detalhes. Basta encaixá-las nas generalizações já criadas. Um exemplo disso é que deciframos o que está escrito em frases como: NO55A C4B3ÇA CONSE3GU3 F4Z3R CO1545 IMPR35510N4ANT35. O cérebro não lê letra por letra, mas procura os padrões de palavras já armazenadas e rapidamente entende o que deveria estar escrito, e não o que realmente está. Por isso, às vezes, somos enganados pelo *cérebro*. Por esta razão, não fiscalizando bem, o espírito que tenta mistificar passando-se por outro de cujo perispírito assimilou as feições, pode nos surpreender, pois suprimimos o senso crítico e agimos no automático, acostumados que estávamos com a figura do amigo ali representado inadequadamente por um mistificador.

UM BOM ESPÍRITO PODE EXERCER UMA POSSESSÃO?

> Na obsessão há sempre um espírito malfeitor. Na possessão pode tratar-se de um espírito bom que quer falar e que, para causar maior impressão nos ouvintes, toma do corpo de um encarnado, que voluntariamente o empresta. Isso ocorre igualmente quando ele quer passar uma mensagem sem nenhuma interferência anímica do médium. Este evento se desenvolve sem qualquer perturbação ou incômodo, durante o tempo em que o espírito encarnado se acha em liberdade, como no estado de emancipação, conservando-se este ao lado do seu substituto para ouvi-lo. Quando é mau o espírito possessor, as coisas se passam de outro modo. Ele não toma moderadamente o corpo do encarnado, arrebata-o, se este não possuir bastante força moral para lhe resistir (Adaptado de *A Gênese,* cap. XIV. Item 48).

O ANIMISMO

A alma do médium pode comunicar-se como qualquer outra. O animismo não é distúrbio ou desequilíbrio da mediunidade nem mistificação, pois se manifesta de forma inconsciente. Portanto, o animismo faz parte do fenômeno mediúnico, sendo mesmo comum na grande maioria dos médiuns iniciantes.

SOBRE A MISTIFICAÇÃO

Devemos ter o máximo cuidado ao analisar a mensagem emitida pelo espírito, procurando ver nas entrelinhas seu conteúdo que deve estar embasado na lógica, no bom-senso e na verdade. Muito mais cuidado ainda devemos ter para não dar a entender que o médium é um mistificador, pois quem mistifica é o comunicante, sendo o médium apenas o intérprete.

QUALIDADES QUE ATRAEM OS BONS ESPÍRITOS

> A bondade, a benevolência, a simplicidade do coração, o amor ao próximo e o desprendimento aos bens materiais. Logicamente as que os repelem são suas opostas (*O Livro dos Médiuns,* cap. 20)

O MÉDIUM PERFEITO

> Qual o médium que poderíamos chamar de perfeito?
>
> – Perfeito, ah! Bem sabes que a perfeição não existe na Terra, sem o que não estaríeis nela. Dize, portanto,

bom médium e já é muito, por isso que eles são raros. Médium perfeito seria aquele contra o qual os maus espíritos jamais ousassem uma tentativa de enganá-lo. O melhor é aquele que, simpatizando somente com os bons espíritos, tem sido enganado menos vezes (*O Livro dos Médiuns*, cap. 20).

A REUNIÃO IDEAL

Um centro espírita onde as vibrações dos seus frequentadores, encarnados ou desencarnados, irradiem de mentes respeitosas, de corações fervorosos, de aspirações elevadas; onde a palavra emitida jamais se desloque para as futilidades e depreciações; onde em vez do gargalhar divertido, se pratique a prece; em vez do estrépito de aclamações e louvores indébitos, se emitam forças telepáticas à procura de inspirações felizes; e ainda onde, em vez de cerimônias ou passatempos mundanos, cogite o adepto da comunhão mental com os seus mortos amados ou os seus guias espirituais; um centro assim, fiel observador dos dispositivos recomendados de início pelos organizadores da filosofia espírita, será detentor da confiança da espiritualidade esclarecida, a qual o elevará em seus recintos, sublimes empreendimentos que honrarão os seus dirigentes dos dois planos da vida. (...) Somente esses, portanto, serão registrados no além-túmulo como casas beneficentes ou templos do amor e da fraternidade, abalizados para as melindrosas experiências espíritas, porque os demais, ou

> seja, aqueles que se desviam para normas ou práticas extravagantes ou inapropriadas serão, no espaço, considerados meros clubes onde se aglomeram aprendizes do espiritismo em horas de lazer. (Dr. Bezerra de Menezes – *Dramas da obsessão*, psicografia de Yvonne A. Pereira).

Em toda criação há sutileza, pois Deus é sutil. No dizer de Edna Frigato, "milagre é a sutileza com a qual Deus muda o rumo dos ventos, quando tudo em nós é tempestade."

04

MEDIUNIDADE: ENSINAMENTOS QUE NÃO DEVEMOS ESQUECER

VALORIZE O "SEU" Centro Espírita – o grupo de irmãos de ideal que você frequenta.

Não importa seja ele pequenino, humilde, situado numa rua empoeirada na periferia da cidade.

Sequer importa que o seu público seja constituído por meia dúzia de companheiros.

Valorize a tarefa que você é chamado a desempenhar dentro dele, seja ela a de varrer o chão, limpar o banheiro, colocar as cadeiras em ordem, cuidar do pequeno jardim, doutrinar ou palestrar.

Lembre-se de que para mãos dignas jamais faltará trabalho digno.

Para se equiparar a centros maiores e com maior número de frequentadores, não se deixe envolver pela tentação de crescimento e de ostentação. A simplicidade deve ser a tônica de qualquer tarefa ali desempenhada.

Fidelidade doutrinária, sobretudo, é onde se respira fraternidade, e não competição.

Valorize o estudo de *O Evangelho segundo o Espiritismo*, ou de qualquer outra obra da doutrina, e incentive o orador que tiver a coragem de, mesmo tropeçando nas palavras, a falar. Nunca o critique, pois muitas vezes para estar ali ele fez um esforço enorme para vencer a timidez, as deficiências intelectuais, o medo de errar. O mais importante é o nível da fraternidade que se vive no espaço do centro. O melhor expositor é o que não busca aplausos. É o que não se transforma em *pop-star*. É aquele que entra no espiritismo e o espiritismo entra nele demonstrando sua adesão pela vivência da doutrina e não quem mais se ocupa dele. Espiritismo é semente do Cristo e, portanto, deve dar frutos de sua sementeira, se fugir disso surgirá um espiritismo à moda da casa, diferente, inadequado, inapropriado, capenga.

Que haja médiuns passistas curadores, sem necessidade alguma de trabalho específico de cura com o intuito de atrair multidão.

Recipientes com água a ser magnetizada sobre a mesa nua, ou simplesmente coberta com uma toalha singela.

O serviço da caridade - através da sopa fraterna, pelo menos um dia na semana, da distribuição de roupas e agasalhos para o corpo.

Compenetre-se de que mediunidade não é para fazer aparecer o médium, mas, sim, transparecer a mensagem da vida imortal! (Inácio Ferreira)

Comunicação à distância: Um médium pode desdobrar-se e seguir acompanhado de seu mentor a uma região qualquer do espaço e de lá proceder da mesma maneira que no centro espírita, dar uma comunicação, pois as duas condições para a existência dela, afinidade fluídica e sintonia vibratória, independem da distância. Eis como isso ocorre:

1. Desdobramento do perispírito.
2. Observação do cenário e localização do espírito a ser resgatado.
3. Aproximação que possibilita ler os pensamentos pela formação da atmosfera fluídica.
4. Comunicação.
5. Doutrinação.

Como examinar o problema das substituições ou mudanças dos componentes da equipe mediúnica?

Hermínio C. Miranda, em *Diálogo com as sombras* nos orienta quanto a este detalhe:

> A admissão de um novo componente pode alterar profundamente a estrutura e os métodos de trabalho da equipe, tanto num sentido como noutro, ou seja, tanto para o lado positivo, como para o negativo. O novo companheiro pode trazer um bom acervo de conhecimento e experiência e dar impulso às tarefas, revitalizando o grupo, trazendo uma contribuição construtiva, dinamizadora e eficiente. Se, porém, está mal preparado, infestado de frustrações, ou se deseja brilhar, poderá com sua influência aniquilar o grupo.

Esse autor recomenda, portanto, serenidade na decisão que, a seu ver, somente deve ser acolhida se o novo componente não se revelar motivo de prejuízo para a equipe e aceitar o sistema de trabalho existente. O bom-senso é o norte seguro de todas essas providências, uma vez que os espíritos não interferem nas deliberações de alçada dos trabalhadores encarnados. Não é aconselhável que essas alterações virem rotina a ponto de descaracterizar o grupo. Apesar de ser importante e necessária a renovação, esta deve manter a organização e a disciplina desejáveis nessa delicada área de desobsessão.

INCONVENIENTES E PERIGOS DA MEDIUNIDADE (*O LIVRO DOS MÉDIUNS* CAP. 18)

> O exercício da faculdade mediúnica pode causar fadiga?
>
> – O exercício muito prolongado de qualquer faculdade produz fadiga. Com a mediunidade acontece o mesmo, principalmente com a de efeitos físicos. Esta ocasiona um dispêndio de fluidos que leva o médium à fadiga, mas que é reparado pelo repouso.
>
> O exercício da mediunidade pode ter inconvenientes em si mesmo no tocante às condições de higidez, excluindo-se os casos de abuso?
>
> – Há casos em que é prudente e mesmo necessário abster-se ou pelo menos moderar o uso da mediunidade. Isso depende do estado físico e moral do médium, que geralmente o percebe. Quando ele começa a sentir-se fatigado, deve abster-se.

PAPEL DOS MÉDIUNS NAS COMUNICAÇÕES

Como distinguir se o espírito que responde é o médium ou se é outro espírito?

– Pela natureza das comunicações. Estuda as circunstâncias e a linguagem e distinguirás. É, sobretudo, no estado sonambúlico ou de êxtase que o espírito do médium se manifesta, pois então se acha mais livre. No estado normal é mais difícil. Há respostas, aliás, que não lhe podem ser atribuídas. Por isso é que te digo para observar e estudar.

Observação: Quando uma pessoa nos fala, facilmente distinguimos o que é dela e o de que ela apenas se faz eco. Acontece o mesmo com os médiuns.

SOBRE A NECESSIDADE DO ESTUDO

Quando somos obrigados a servir-nos de médiuns pouco adiantados nosso trabalho se torna mais demorado e penoso, pois temos de recorrer a formas imperfeitas de expressão, o que é para nós um embaraço. Somos então forçados a decompor os nossos pensamentos e ditar palavra por palavra, letra por letra, o que nos é fatigante e aborrecido, constituindo verdadeiro entrave à presteza e ao bom desenvolvimento de nossas manifestações. (*O Livro dos Médiuns,* cap. 19).

Reconhece-se a obsessão pelas seguintes características (*O Livro dos Médiuns* cap. 23):

1. Insistência de um espírito em comunicar-se queira ou não o médium, pela escrita, pela audição,

pela tiptologia etc., opondo-se a que outros espíritos o façam.

2. Ilusão que, não obstante a inteligência do médium, o impede de reconhecer a falsidade e o ridículo das comunicações recebidas.

3. Crença na infalibilidade e na identidade absoluta dos espíritos que se comunicam e que, sob nomes respeitáveis e venerados, dizem falsidades ou absurdos.

4. Aceitação pelo médium dos elogios que lhe fazem os espíritos que se comunicam por seu intermédio.

5. Disposição para se afastar das pessoas que podem esclarecê-lo.

6. Levar a mal a crítica das comunicações que recebe.

7. Necessidade incessante e inoportuna de escrever.

8. Qualquer forma de constrangimento físico, dominando-lhe a vontade e forçando-o a agir ou falar sem querer.

9. Ruídos e transtornos em redor do médium, causados por ele ou tendo-o por alvo.

IDENTIDADE DOS ESPÍRITOS

Um meio às vezes usado com sucesso para assegurar a identidade, quando o espírito se torna suspeito, é o de fazê-lo afirmar em nome de Deus todo-poderoso que é ele mesmo. Acontece muitas vezes que o usurpador recua diante do sacrilégio. Depois de haver começado a escrever: Afirmo em nome de... para e risca encolerizado traços sem significação ou quebra o lápis. Sendo mais hipócrita, contorna o problema através de uma omissão, escrevendo, por exemplo: Eu vos certifico que digo a verdade; ou ainda: Atesto, em nome de Deus, que sou eu mesmo quem vos falo, etc. (*O Livro dos Médiuns*, cap. 24).

DISTINÇÃO ENTRE OS ESPÍRITOS

Eis o conselho dado por São Luís a respeito:

Por mais legítima confiança que vos inspirem os espíritos dirigentes dos vossos trabalhos, há uma recomendação que nunca seria demais repetir e que deveis ter sempre em mente aos vos entregar aos estudos: a de pensar e analisar, submetendo ao mais rigoroso controle da razão todas as comunicações que receberdes; a de não negligenciar, desde que algo vos pareça suspeito, duvidoso ou obscuro, de pedir as explicações necessárias para formar a vossa opinião (*O Livro dos Médiuns*, cap. 24).

Acredito que pela importância do capítulo todos os 26 itens devem ser estudados.

Perguntas sobre a natureza e a identidade dos espíritos (*O Livro dos Médiuns*, cap. 24)

Por quais sinais podemos reconhecer a superioridade ou a inferioridade dos espíritos?

– Pela sua linguagem, como distingues um estouvado de um homem sensato. Já dissemos que os espíritos superiores nunca se contradizem e só tratam de boas coisas. Só querem o bem. Essa é a sua preocupação.

– Os espíritos inferiores estão ainda dominados pelas ideias materiais. Suas manifestações se ressentem da sua ignorância e da sua imperfeição. Só aos espíritos superiores é dado conhecer todas as coisas e julgá-las sem paixão.

***

Esse empréstimo de nome não pode ser considerado uma fraude?

– Seria uma fraude se feito por um espírito mau que desejasse enganar. Mas sendo para o bem, Deus permite que assim se faça entre os espíritos da mesma ordem, pois entre eles existe solidariedade e similitude de pensamentos.

Por que Deus permite que os espíritos maus se comuniquem e digam coisas más?

– Mesmo o que há de pior traz um ensinamento. Cabe a vós saber tirá-lo. É necessário que haja comunicações de toda espécie para vos ensinar a distinguir os espíritos bons dos maus e para que vos sirvam de espelho. Até mesmo as comunicações de espíritos inferiores trazem ensinamentos.

Os espíritos inferiores não podem imitar o pensamento?

– Imitam o pensamento como os cenários do teatro imitam a Natureza.

Se o médium estiver no automático, ou seja, sem o seu senso crítico ligado poderá aceitar o cenário como verdadeiro.

Muitos médiuns reconhecem os espíritos bons e maus pela sensação agradável ou penosa que experimentam à sua aproximação. Perguntamos se a impressão desagradável, a agitação convulsiva, ou mal-estar enfim, são sempre indícios da natureza má dos espíritos manifestantes.

– O médium experimenta as sensações do estado em que se encontra o espírito manifestante. Quando o espírito é feliz, seu estado é tranquilo, calmo; quando é infeliz, é agitado, febril e essa agitação se transmite naturalmente ao sistema nervoso do médium. Aliás, é assim com o homem na Terra: aquele que é bom mostra-se calmo e tranquilo; aquele que é mau está sempre agitado.

Observação: Há médiuns de maior ou menor impressionabilidade e por isso não se pode considerar a agitação como regra absoluta. Nisto, como em tudo, devemos levar em conta as circunstâncias. A natureza penosa e desagradável da sensação é produzida pelo contraste, pois se o espírito do médium simpatizar com o espírito mau que se manifesta será pouco ou nada afetado por este. Além disso, é necessário não confundir a rapidez da escrita, produzida pela extrema flexibilidade de certos médiuns, com a agitação convulsiva que os médiuns mais lentos podem sofrer ao contato dos espíritos imperfeitos.

Por que Deus permite que as pessoas sinceras, que aceitam de boa-fé o espiritismo, sejam mistificadas? Isso não poderia acarretar o inconveniente de lhes abalar a crença?

> – Se isso lhes abalasse a crença, seria por não terem a fé bastante sólida. As pessoas que abandonassem o espiritismo por um simples desapontamento provariam não o haver compreendido, não se terem apegado ao seu aspecto sério. Deus permite as mistificações para provar a perseverança dos verdadeiros adeptos e punir os que fazem do espiritismo um simples meio de divertimento (o Espírito de Verdade). (*O Livro dos Médiuns,* cap. 17).

O estudo e a sinceridade de propósitos tornam mínimas as mistificações.

05

A PRECE

O QUE É a prece?

Ato religioso com o qual nos dirigimos a Deus com a finalidade de louvar, pedir ou agradecer.

Qual a importância da prece?

A mesma de um homem que estando perdido ou em grande necessidade se vale de um meio de comunicação para falar com quem lhe pode ajudar.

Por que Jesus, sendo um espírito puro, sem obrigação de reencarnar, em ligação contínua com o Pai, sentia necessidade de orar?

O Mestre era um embaixador com a missão de descrever com fidelidade as condições do reino do Pai. Por isso escolheu as palavras certas pelo seu "poder de evocação", ou seja, o poder que os espíritos puros têm de evocar as palavras adequadas à composição de seus textos.

Yvonne Pereira costumava orar pelos suicidas e, preferencialmente, lia essas palavras que Jesus pronunciou para os mais sofridos. Essa coletânea foi extraída de um livro psicografado por ela, *Memórias de um suicida*, (cap. VI) de autoria do escritor e suicida português, Camilo Castelo Branco, em parceria com Léon Denis, que nele incluiu a parte espírita, uma vez que Camilo não a dominava.

Logicamente todo esse acervo de frases consoladoras e encorajadoras deve compor a argumentação do doutrinador, que deve citá-las, não mecanicamente, mas meditar sobre elas, no sentido e no sentimento profundo que elas encerram.

> Vinde a mim, vós que sofreis e vos achais sobrecarregados, e eu vos aliviarei. Tomai sobre vós o meu jugo e aprendei comigo, que sou manso e humilde de coração, e achareis repouso para vossas almas, pois o meu jugo é suave e o meu fardo é leve.
>
> Bem-aventurados os que choram e sofrem, porque serão consolados. Bem-aventurados os que têm fome e sede de justiça, porque serão saciados.
>
> Deus não quer a morte do pecador, mas que ele viva e se arrependa.
>
> Venho instruir e consolar os pobres deserdados. Venho dizer-lhes que elevem a sua resignação ao nível de suas provas, que chorem, porquanto a dor foi sagrada no Jardim das Oliveiras; mas que esperem, pois que também a eles os anjos consoladores lhes virão enxugar as lágrimas.
>
> Vossas almas não estão esquecidas; eu, o Divino Jardineiro, as cultivo no silêncio dos vossos pensamentos.

Jamais vos deixarei órfãos. Estarei convosco até a consumação dos séculos.

Eu venho para os pecadores, pois os sãos não necessitam de médicos.

Eu sou o grande médico das almas e venho trazer-vos o remédio que vos há de curar. Os fracos, os sofredores e os enfermos são os meus filhos prediletos. Venho salvá-los. Eu vim para que todos tenham vida, e a tenham em abundância.

O filho de Deus veio buscar e salvar o que se havia perdido.

Das ovelhas que meu Pai me confiou, nenhuma se perderá. Vinde, pois a mim, vos que sofreis e se achais oprimidos e eu vós consolarei.

Deus consola os humildes e dá força aos aflitos que a pedem. Seu poder cobre a Terra e, por toda a parte, junto de cada lágrima colocou Ele um bálsamo que consola.

COMO ORAR?

E quando orais, não haveis de ser como os hipócritas, que gostam de orar em pé na sinagoga, e nos cantos das ruas, para serem vistos pelos homens; em verdade vos digo, que eles já receberam a sua recompensa. Mas tu, quando orares, entra no teu aposento, e fechada a porta, ora a teu Pai em segredo; e teu Pai, que vê o que se passa em segredo, te atenderá. E quando orais não faleis muito, como os gentios; pois cuidam que pelo seu muito falar serão ouvidos. Não

> queiras, portanto, parecer-vos com eles; porque vosso Pai sabe o que vos é necessário, primeiro que vós o peçais. (Mateus 6:5)

EFICÁCIA DA PRECE

> Por isso vos digo: todas as coisas que vós pedirdes orando, crede que as haveis de ter, e assim vos sucederá (Marcos 11:24).

Examina teu pedido: será que é bom para mim? Será que é bom para os outros?

Fazer tais perguntas a si mesmo antes de tomar qualquer decisão é uma maneira segura de minimizar os erros. Será que isso é bom para mim? Se a resposta for sim, faça de imediato. A segunda pergunta: será que isso é bom para os outros? Se obtiver o sim, siga adiante com suas resoluções. Mas se uma das duas respostas for um não, reformule seus planos.

AÇÃO DA PRECE – TRANSMISSÃO DO PENSAMENTO

> O espiritismo nos faz compreender a ação da prece, ao explicar a forma de transmissão do pensamento, seja quando o ser a quem oramos atende ao nosso apelo, seja quando o nosso pensamento eleva-se a ele. Para se compreender o que ocorre nesse caso, é necessário imaginar os seres, encarnados e desencarnados, mergulha-

dos no fluido universal que preenche o espaço, assim como na Terra estamos envolvidos pela atmosfera.

Esse fluido é impulsionado pela vontade, pois é o veículo do pensamento, como o ar é o veículo do som, com a diferença de que as vibrações do ar são circunscritas, enquanto as do fluido universal se ampliam ao infinito. Quando, pois, o pensamento se dirige para algum ser, na Terra ou no espaço, de encarnado para desencarnado, ou vice-versa, uma corrente fluídica se estabelece de um a outro, transmitindo o pensamento, como o ar transmite o som (*O Evangelho segundo o Espiritismo,* cap. XXVIII).

QUALIDADE DA PRECE

> A energia da corrente está na razão direta da energia do pensamento e da vontade. É assim que a prece é ouvida pelos espíritos, onde quer que eles se encontrem, é assim que os espíritos se comunicam entre si, que nos transmitem as suas inspirações, e que as relações se estabelecem à distância entre os próprios encarnados. (*O Evangelho segundo o Espiritismo*)

Cita-nos Emmanuel que a prece tecida de inquietação e de angústia não pode distanciar-se dos gritos desordenados de quem prefere a aflição e se entrega à imprudência, mas a oração tecida de harmonia e de confiança é força imprimindo direção à bússola da fé viva, recompondo a paisagem em que vivemos e traçando rumos novos para a vida superior.

PRECE À DISTÂNCIA E SUA AÇÃO CURATIVA

Em 1995, 20 soropositivos foram divididos em dois grupos, no Centro Médico de São Francisco. Preces de diferentes crenças foram feitas para apenas um grupo, sem que seus componentes soubessem qual estava sendo alvo das orações. Após seis meses, 40% dos que não receberam as preces haviam morrido, no outro grupo, nenhuma pessoa morrera." (Folha de São Paulo, 2004)

Será útil que oremos pelos mortos e pelos Espíritos sofredores? E, neste caso, como lhes podem as nossas preces proporcionar alívio e abreviar os sofrimentos? Têm elas o poder de abrandar a justiça de Deus?

– A prece não pode ter por efeito mudar os desígnios de Deus, mas a alma por quem se ora experimenta alívio, porque recebe assim um testemunho do interesse que inspira àquele que por ela pede e também porque o desgraçado sente sempre um refrigério, quando encontra almas caridosas que se compadecem de suas dores. Por outro lado, mediante a prece, aquele que ora concita o desgraçado ao arrependimento e ao desejo de fazer o que é necessário para ser feliz

Neste sentido é que se lhe pode abreviar a pena, se, por sua parte, ele secunda a prece com a boa vontade. O desejo de melhorar-se, despertado pela prece, atrai para junto do espírito sofredor espíritos melhores, que o vão esclarecer, consolar e dar-lhe esperanças. Jesus orava pelas ovelhas desgarradas, mostrando-vos, desse modo, que devemos orar pelos que mais necessitam das nossas preces. (*O Livro dos Espíritos*, 644).

ORAÇÕES FAMOSAS

Pai Nosso (tradução do aramaico)

Ó Fonte da Manifestação! Pai-Mãe do Cosmo
Focaliza Tua Luz dentro de nós, tornando-a útil.
Estabelece Teu Reino de unidade agora.
Que Teu desejo uno atue com os nossos,
assim como em toda a luz e em todas as formas.
Dá-nos o que precisamos cada dia, em pão e percepção;
desfaz os laços dos erros que nos prendem,
assim como nós soltamos as amarras que mantemos da culpa dos outros.
Não deixe que coisas superficiais nos iludam.
Mas liberta-nos de tudo que nos aprisiona.
De ti nasce a vontade que tudo governa,
o poder e a força viva da ação,
a melodia que tudo embeleza
e de idade a idade tudo renova.
Amém.

Pai Nosso – versão cristã

Pai nosso que estais no céu
Santificado seja vosso nome
Venha a nós o vosso reino
Seja feita a vossa vontade
Assim na Terra como no Céu
O pão nosso de cada dia nos dai hoje

Perdoai-nos as nossas ofensas
Assim como nós perdoamos
A quem nos tem ofendido
Não nos deixai cair em tentação
E livrai-nos de todo mal
Amém.

Oração de São Francisco

Senhor, fazei de mim um instrumento de tua paz.
Onde houver ódio, que eu leve o amor;
Onde houver ofensa que eu leve o perdão;
Onde houver discórdia, que eu leve a união;
Onde houver dúvida, que eu leve a fé;
Onde houver erro, que eu leve a verdade;
Onde houver desespero, que eu leve a esperança;
Onde houver tristeza, que eu leve a alegria;
Onde houver trevas, que eu leve a luz.
Ó mestre, fazei que eu procure mais
Consolar, que ser consolado
Compreender, que ser compreendido
Amar, que ser amado
Pois é dando, que se recebe,
É perdoando que se é perdoado
E é morrendo que se vive para a vida eterna.

Prece de Cáritas

Deus nosso Pai,
que sois todo poder e bondade,
dai força àqueles que passam pela provação,
dai luz àqueles que procuram a verdade,
e ponde no coração do homem a compaixão e a caridade.

Deus,
Dai ao viajante a estrela Guia,
ao aflito a consolação,
ao doente o repouso.

Pai,
Dai ao culpado o arrependimento,
ao espírito a verdade,
à criança o guia,
ao órfão o pai.
Que a vossa bondade se estenda sobre tudo que criaste.
Piedade, Senhor, para aqueles que não Vos conhecem, e
esperança para aqueles que sofrem.
Que a Vossa bondade permita aos espíritos consoladores,
derramarem por toda a parte a paz, a esperança e a fé.

Deus,
Um raio, uma faísca do Vosso divino amor pode abrasar a Terra,
deixai-nos beber na fonte dessa bondade fecunda e infinita, e
todas as lágrimas secarão,
todas as dores acalmar-se-ão.
Um só coração, um só pensamento subirá até Vós,
como um grito de reconhecimento e de amor.

Como Moisés sobre a montanha,
Nós Vos esperamos com os braços abertos.
Oh! Bondade, Oh! Poder, Oh! Beleza, Oh! Perfeição,
queremos de alguma sorte merecer Vossa misericórdia.

(Oração recebida na noite de Natal, 25/12/1873, pela médium Madame W. Krell, num círculo espírita denominado "Grupo Comera" de Bordeaux, França)

Oração da serenidade

Deus,
Conceda-me a serenidade
Para aceitar aquilo que não posso mudar,
A coragem para mudar o que me for possível
E a sabedoria para saber discernir entre as duas.
Vivendo um dia de cada vez,
Apreciando um momento de cada vez,
Recebendo as dificuldades como um caminho para a paz,
Aceitando este mundo cheio de maldades como ele é, assim como fez Jesus, e não como gostaria que ele fosse;
Confiando que o Senhor fará tudo dar certo
Se eu me entregar à Sua vontade;
Pois assim poderei ser razoavelmente feliz nesta vida
E supremamente feliz ao Seu lado na outra.
Amém.

Reinhold Niebuhr

Oração da vida – de madre Teresa de Calcutá

A vida é uma oportunidade, aproveita-a.
A vida é beleza, admira-a.
A vida é beatificação, saborei-a.
A vida é sonho, torna-o realidade.
A vida é um desafio, enfrenta-o.
A vida é um dever, cumpre-o.
A vida é um jogo, joga-o.
A vida é preciosa, cuida-a.
A vida é riqueza, conserva-a.
A vida é amor, goza-a.
A vida é um mistério, desvela-o.
A vida é promessa, cumpre-a.
A vida é tristeza, supera-a.
A vida é um hino, canta-o.
A vida é um combate, aceita-o.
A vida é tragédia, domina-a.
A vida é aventura, afronta-a.
A vida é felicidade, merece-a.
A vida é a VIDA, defende-a.

Finalizemos com santo Agostinho: "Quando fores orar, começa perdoando. E lembra-te de que nem sempre a resposta de Deus às tuas preces é um sim ou um não. Pode ser também, um 'espere!'."

06

A ÁGUA MAGNETIZADA

EMMANUEL NOS DIZ em uma mensagem inserida em seu livro *Segue-me*:

> Se desejas o concurso dos amigos espirituais, na solução de tuas necessidades fisiológicas ou dos problemas de saúde e equilíbrio dos companheiros, coloca o teu recipiente de água cristalina à frente de tuas orações, espera e confia.

Foi Franz Anton Mesmer, médico alemão, quem estudou e deu publicidade ao magnetismo, tema envolto em mistérios e aspectos sobrenaturais e, de certa forma, mantido oculto por seus predecessores. Formado em medicina, em Viena (1766), defendeu tese, segundo a qual um fluido magnético misterioso emanaria das estrelas enchendo todo o Universo, influenciando todos os organismos vivos.

A má distribuição desse fluido causaria as doenças. Mesmer, inicialmente empregava magnetos, passando-os sobre o corpo dos pacientes para produzir um estado semelhante ao sono. Posteriormente, ele mesmo verificou que a simples imposição das mãos produzia o mesmo efeito. O magnetismo animal emanado do próprio magnetizador substituiu o magnetismo mineral dos magnetos.

O termo magnetismo foi cunhado em sua homenagem. Mesmer foi o primeiro sábio que utilizou a pesquisa acadêmica para, através dela, difundir a ideia de fluido universal. Conforme o pesquisador Allan Kardec, codificador da doutrina espírita, este fluido é a energia básica primordial que produz tudo que há no Universo, inclusive as diversas substâncias materiais existentes.

Os fluidos também envolvem todos os corpos sutis, desprovidos de peso, não tangíveis, nem visíveis pelos sentidos humanos. No estágio mineral, como, por exemplo, o ímã, ele é conhecido como fluido magnético; na etapa vegetal o fluido é denominado fitomagnetismo; já no animal esta energia é denominada de fluido magnético animal, enquanto no ser humano ele é nomeado de fluido magnético espiritual, o qual está presente no perispírito ou corpo espiritual. Estes fluidos são, portanto, mutações estabelecidas no fluido universal.

FLUIDO MAGNÉTICO ANIMAL

Mesmer discorre justamente sobre o magnetismo animal, que emana dos indivíduos humanos; tal fluido é capaz de ser ampliado através do exercício como ocorre nos magnetizadores, aqueles que se adestram no uso dessa energia. Hoje, **mesmerismo** virou sinônimo deste magnetismo, por conta dos estudos e exercícios realizados por este pesquisador. O magnetismo de Mesmer pode ser definido, portanto, como a reciprocidade estabelecida entre duas criaturas vivas através do fluido magnético. Esta ciência foi amplamente estudada durante a Era Antiga, particularmente no Egito, onde era utilizada nos rituais religiosos conhecidos como Mistérios, reservados apenas aos iniciados em seus conhecimentos.

CRISTAIS DE ÁGUA

Masaru Emoto, cientista japonês, demonstrou como o efeito de determinados sons, palavras, pensamentos e sentimentos alteram a estrutura molecular da água, considerada um fluido poderoso, por isso mesmo chamada de solvente universal. A técnica consiste em expor a água a esses agentes, congelá-la e depois fotografar os cristais que se formam com o congelamento. Conclusão da experiência: os maus pensamentos, a poluição, os sons desagradáveis e desarmoniosos, os sentimentos agressivos de ódio, vingança, enfim, tudo que não está de acordo com a bondade, a ética e a moral afeta os cristais de água deformando-os. Em sentido oposto, os cristais formam verdadeiras joias de beleza e harmonia enternecedoras.

Por sua vez, André Luiz também comenta as propriedades da água com muita sabedoria:

> Compreenderá, então, que a água, como fluido criador, absorve, em cada lar, as características mentais de seus moradores. A água, no mundo, meu amigo, não somente carreia os resíduos dos corpos, mas também as expressões de nossa vida mental. Será nociva nas mãos perversas, útil nas mãos generosas e, quando em movimento, sua corrente não só espalhará bênção de vida, mas constituirá igualmente um veículo da Providência Divina, ... absorvendo amarguras, ódios e ansiedades dos homens, lavando-lhes a casa material e purificando-lhes a atmosfera íntima (André Luiz – *Nosso Lar*).

MENTE VICIADA – ESGOTO AMBULANTE

A mente viciada e enferma cria sintonia com energias e fluidos densos. Como a matéria mental flui de forma constante do próprio espírito este passa a atuar como um esgoto a céu aberto. À medida que o pensamento se repete e o sentimento o fortalece, a imagem mental torna-se cada vez mais densa, agregando em torno de si os fluidos pesados e grosseiros que estão na mesma faixa de sintonia.

EXPERIÊNCIA DE ANTHONY BROWN NO CANADÁ

Na primeira fase esse cientista trouxe água das cataratas do Niágara e a depositou em seis aquários fechados cada um deles contendo uma frase. Colocou esses aquários em exposição em local no qual passavam 300 mil pessoas por dia. Seis meses depois os três aquários com mensagens positivas permaneceram com a água limpa; os três com mensagens negativas estavam com a água escura e turva

Você é amor

Você é feliz

Você é alegre

Você é triste

Você é egoísta

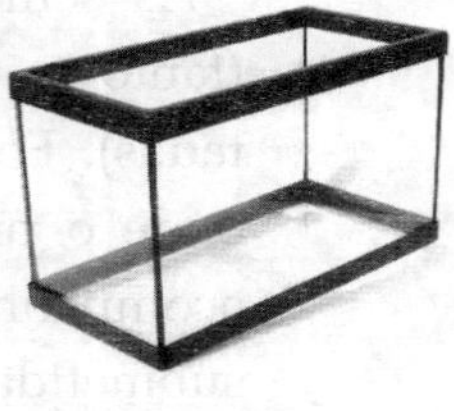
Você é arrogante

RESULTADO DA EXPERIÊNCIA

Ao retirar o lacre dos aquários verificou-se que os três primeiros continham água pura enquanto os três últimos portavam água poluida ali depositada pelos pensamentos hostis dos que se consideravam agredidos pelas frases.

O Dr. Bernard Grad, bioquímico e pesquisador de geriatria no McGill University's Allen Memorial Institute, no Canadá, realizou experiências muito interessantes na Universidade de McGill, Montreal, na década de 1960, a respeito da cura pelo toque das mãos que foi reconhecida recebendo ele um prêmio da Fundação CIBA, uma fundação científica fundada por um grande laboratório farmacêutico. Nas suas experiências com sementes de cevada, Grad substituiu humanos por plantas e animais, para evitar o efeito placebo. Num recipiente de água salgada (que retarda o crescimento), Grad colocou as sementes e pediu a um curador psíquico (um passista) que fizesse imposição das mãos sobre a água.

As sementes foram colocadas em água salgada (tanto as tratadas pelo passista quanto as não tratadas). Foram colocadas em seguida numa estufa, onde o processo de germinação e crescimento foi acompanhado. Verificou-se então que as sementes submetidas à água tratada pelo passista germinavam com maior frequência do que as outras.

Depois de germinadas, as sementes foram colocadas em potes e mantidas em condições semelhantes de crescimento. Após várias semanas, e de acordo com uma análise estatística, as plantas regadas com a água tratada pelo passista eram mais altas e tinham um maior conteúdo de clorofila.

O fator psicológico altera os resultados da magnetização? Grad lembrou-se de dar a água para pacientes psiquiátricos segurarem. Essa mesma água foi depois usada para tratar as sementes de cevada. A água energizada pelos pacientes que estavam seriamente deprimidos produziu um efeito inverso ao da água tratada pelo passista: ela diminuiu a taxa de crescimento das plantinhas novas (Jeanne P. Rindge in *As curas paranormais*, George W. Meek, Ed. Pensamento, 10ª edição, 1995, Cap. 13, pp. 158-159).

Essa experiência foi repetida dezenas de vezes e o cientista recebeu do laboratório CIBA auxílio para suas pesquisas.

Conclusões dessa experiência a nível perispiritual:

1. A magnetização pode restaurar um órgão afetado fazendo-o voltar à normalidade.
2. Uma pessoa portadora de um fluido contaminado pode repassá-lo a outra.

Não se esqueça que nós, seres humanos, somos compostos de 70% de água!

Se um simples "obrigado" muda uma molécula de água, imaginem o que uma prece, palavras de amor, fraternidade, encorajamento, amizade, podem fazer percorrendo nosso corpo carregado de água. Se tal mudança acontece fora do nosso corpo, poderá ocorrer dentro dele também, cada vez que agirmos com amor e retidão! Mas convém lembrar de que o inverso também poderá suceder se usarmos palavras ou sentimentos de ódio, inveja, vingança ou outros semelhantes.

MAIS OBSERVAÇÕES DE ANDRÉ LUIZ

> Jerônimo e Aristeu ministraram à água pura, certos agentes de absorção e ampararam a dedicada senhora, que, por sua vez, auxiliou o marido a banhar-se, como se estivesse satisfazendo o desejo de uma criança. Notei, admirado, que a operação se fizera acompanhar de salutaríssimos efeitos, surpreendendo-me, mais uma vez, ante a capacidade absorvente da água comum. A matéria fluídica prejudicial fora integralmente retirada das glândulas sudoríparas.
>
> Terminado o banho, o enfermo voltou ao leito, em pijama, de fisionomia confortada e espírito bem disposto. Algumas fricções de álcool, levadas a efeito, completaram-lhe a melhora fictícia (*Obreiros da vida eterna* – André Luiz – psicografia de Chico Xavier).

O QUE É ÁGUA MAGNETIZADA?

A água magnetizada é a água normal, adicionada de fluidos curadores. Em espiritismo, entende-se por água magnetizada aquela em que fluidos medicamentosos são adicionados a ela.

QUEM FAZ A MAGNETIZAÇÃO DA ÁGUA?

Em geral, são os espíritos desencarnados que, durante as sessões de fluidoterapia, fluidificam a água, mas esta pode ser magnetizada tanto pelos fluidos espirituais quanto pelos fluidos dos homens encarnados, assim como ocorre com os passes, sendo necessário, para isso, da parte do indivíduo que irá realizar a magnetização, a realização de preces e a imposição das mãos, a fim de direcionar os fluidos para o recipiente em que se encontra a água.

COMO É FEITA A MAGNETIZAÇÃO DA ÁGUA?

A água é um dos corpos mais simples e receptivos da Terra. É como que a base pura, em que a medicação espiritual pode ser impressa. O processo é invisível aos olhos mortais, por isso, a confiança e a fé do paciente são partes essenciais para que o tratamento alcance o efeito desejado. A água é um ótimo condutor de força eletromagnética e absorverá os fluidos sobre ela projetados, conservando-os e transmitindo-os ao organismo doente, quando ingerida. A água magnetizada expande os átomos físicos, motivando a entrada de átomos espirituais, ainda desconhecidos, e que servem para ajudar na cura.

TIPOS DE MAGNETIZAÇÃO DA ÁGUA

Fluidificação magnética: É aquela em que fluidos medicamentosos são adicionados na água por ação magnética da pessoa (encarnada) que coloca suas mãos sobre o recipiente com água e projeta seus próprios fluidos.

Fluidificação espiritual: É aquela em que os espíritos aplicam fluidos (sem intermediários) diretamente sobre os frascos com água. Na fluidificação espiritual a água não recebe fluidos magnéticos do indivíduo encarnado, mas somente os introduzidos pelos espíritos. A fluidificação espiritual é a mais comumente utilizada nos centros espíritas.

Fluidificação mista: É uma modalidade de fluidificação onde se misturam os fluidos do indivíduo encarnado com os fluidos trazidos pelos espíritos.

BENEFÍCIOS DA ÁGUA MAGNETIZADA

Inibição da formação de radicais livres, ou seja, diminuição dos processos oxidativos celulares, diminuição da taxa de produção de gás carbônico, aceleração dos processos de fagocitose e incremento na produção de linfócitos (células de defesa).

TIPOS DE FLUIDIFICAÇÃO DA ÁGUA

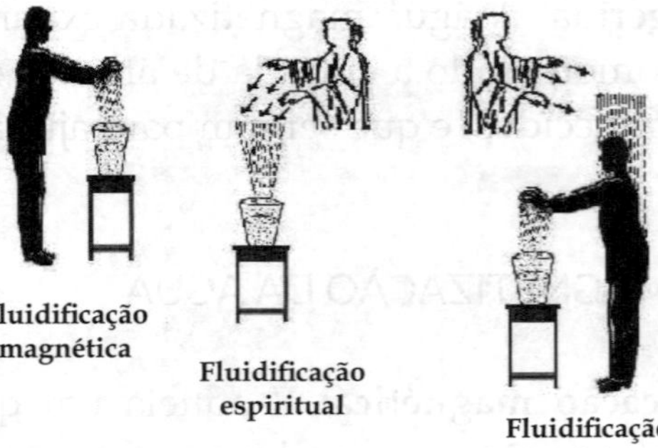

Fluidificação magnética

Fluidificação espiritual

Fluidificação mista

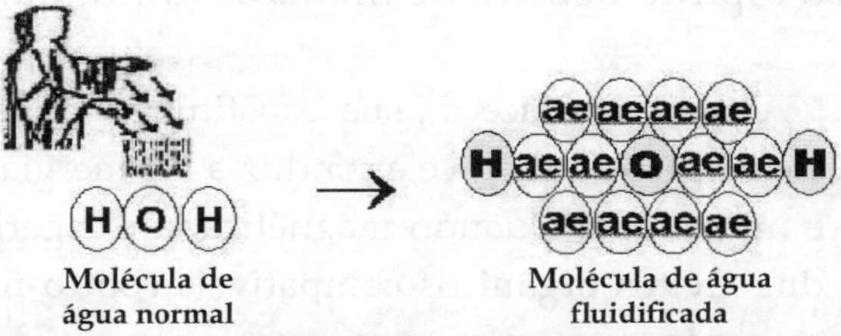
H O H
ae ae ae ae
H ae ae O ae ae H
ae ae ae ae
Molécula de água normal
Molécula de água fluidificada

O USO DA ÁGUA FLUIDIFICADA
➢ A água fluidificada expande os átomos físicos, ocasionando a entrada de átomos espirituais que vão ajudar a cura.
➢ Só devem utilizá-la quem estiver necessitando dela.
➢ Tudo em excesso faz mal.
(http://espiritananet.blogspot.com/2008/01/agua-fluidificada.html)

A fluidificação da água independe da presença de médiuns

Para o espírito Bezerra de Menezes (Miranda, 1988):

> A água, em face da sua constituição molecular, é elemento que absorve e conduz a bioenergia que lhe é ministrada. Quando magnetizada e ingerida produz efeitos orgânicos compatíveis com o fluido de que se faz portadora.

A água é magnetizada, principalmente, pelos espíritos, contendo, assim, alterações ocasionadas pelos fluidos salutares ali colocados e direcionados para o equilíbrio de alguma enfermidade física ou perispiritual. Para cada paciente o fluido medicamentoso será específico não só para a sua enfermidade física, mas também para as necessidades espirituais de cada um. Deve ser usada como um medicamento.

Se acreditarmos que uma substância material pode efetuar a cura, vamos ter que repensar que esta advém do mérito moral. Na ausência do mérito o alívio pode ocorrer pela misericórdia divina que atende as pessoas predispostas à mudança, pois é da Sua essência a tudo direcionar para a bondade e para a beleza.

O fato de haver fluidificação específica é o que nos leva a recomendar que as pessoas, quando levarem seus vasilhames à fluidificação, aponham-lhes etiquetas ou detalhes de identificação, a fim de não haver troca na hora da retirada ou recebimento dos mesmos.

Deixo a garrafa fechada ou aberta? Esse problema deixa de existir quando aprendemos que o fluido penetra todos os corpos animados ou inanimados.

A água magnetizada pode ser congelada?

Essa parte física pode sim agir e reagir a efeitos físico-químicos, mas a parte mais sutil só é afetada por ação igualmente sutil, onde os efeitos físico-químicos não são tão evidentes.

Ainda assim, mesmo com mudanças moleculares físicas, nem tudo muda só porque mudou o estado; a própria água segue sendo água, ainda que sob a feição de gelo ou vapor.

Que o resfriar ou o aquecer altera a disposição das moléculas da água isso é verdade, entretanto não há qualquer evidência de que o potencial magnético ali estabelecido se altere nessa mesma proporção e/ou direção (Jacob Melo).

CONCLUSÃO

A terapêutica com a água magnetizada traz muitos benefícios ao organismo, apesar de não poder parar ou regredir as doenças geradas por resgates e outras doenças crônicas e degenerativas. Todavia, facilita a ação medicamentosa e tem se mostrado eficiente na cura das doenças psicossomáticas.

Põe teu copo de água limpa junto à tua cama e faz tua prece. Assim como a criança desenha uma onda e o poeta a enche com água, tu colocas o copo e Deus o enche de medicamentos.

07

OS FLUIDOS

– Haveria, assim, dois elementos gerais do Universo: a matéria e o espírito?

– Sim, e acima de tudo Deus, o Criador, o Pai de todas as coisas. Deus, espírito e matéria são o princípio de tudo o que existe, a trindade universal. Mas ao elemento material é preciso acrescentar o fluido universal, que faz o papel de intermediário entre o espírito e a matéria propriamente dita, muito grosseira para que o espírito possa ter uma ação sobre ela. Ainda que sob certo ponto de vista se possa incluí-lo no elemento material, ele se distingue por propriedades especiais... *O Livro dos Espíritos*, 27.

Esquema representativo do que existe no Universo: por ele podemos deduzir que Deus, espírito e fluido universal compõem a trindade universal espírita.

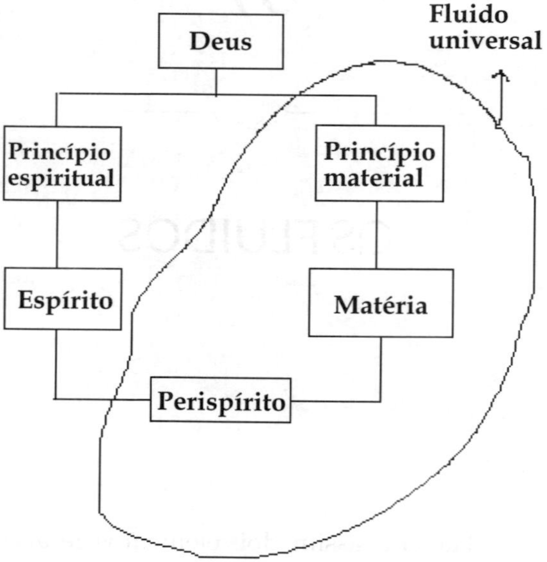

Fluido (lê-se fluido e não fluído) é um termo genérico empregado para traduzir a característica "das substâncias líquidas ou gasosas", ou de substância que corre ou se expande à maneira de um líquido ou gás. Por isso, popularmente falando, designamo-lo como sendo a fase não sólida da matéria, a qual pode se apresentar em quatro subfases: pastosa, líquida, gasosa e radiante, tendo sido esta última apresentada à ciência por um dos seus mais eminentes sábios, o inglês *Sir* William Crookes.

O fluido cósmico ou universal é a matéria elementar primitiva, cujas modificações e transformações constituem a inumerável variedade dos corpos da Natureza. Como princípio elementar do Universo, ele assume dois estados distintos: o de eterização ou imponderabilidade, que se pode considerar o primitivo estado normal e o de materialização ou de ponderabilidade, que é, de certa maneira, o que representa o mundo visível.

O que é o princípio vital?

Princípio vital é um fluido mais ou menos grosseiro, encontrado apenas nos seres orgânicos. Forma-se, como todos os fluidos espirituais, de transformações do fluido universal. Durante o processo gestacional, o espírito reencarnante irá se impregnando de determinada quantidade desse fluido, quantidade esta proporcional ao tempo médio de vida que terá na Terra. Esta carga de fluido vital, no entanto, poderá sofrer modificações durante a existência (para mais ou para menos). O funcionamento normal dos órgãos poderia renová-lo; assim como também poderia sofrer um processo de deterioração em consequência de uma vida atormentada moral e emocionalmente.

Qual a diferença entre princípio vital e fluido vital?

De forma mais superficial, nenhuma. De forma mais específica, podemos dizer que o princípio vital é o agente do fluido vital. Numa analogia, podemos dizer que o princípio vital está para a carga elétrica de um elétron assim como o fluido vital está para a eletricidade. Ou seja, no princípio vital existe a energia em potencial e no fluido vital esta energia está em ação (movimento).

> A união do princípio vital com a matéria causa a animalização desta, ou seja, é o que dá vida à matéria e tem por fonte o fluido vital também chamado de fluido magnético ou fluido elétrico. O princípio vital é modificado segundo as espécies. É ele que dá movimento e atividade à matéria orgânica, distinguindo-a

> da matéria inerte, porquanto o movimento da matéria não é a vida. Esse movimento ela o recebe, não o dá. Quando o ser orgânico morre, sua matéria se decompõe indo formar outros organismos. O princípio vital retorna ao reservatório universal de onde saiu.

Existem centros espíritas que se dedicam ao tratamento fluídico de animais através de preces e passes. Nesse caso a equipe espiritual desencarnada tem plena consciência de que os fluidos a serem doados aos animais são especificamente aqueles que se coadunam com suas necessidades, não havendo, portanto, incompatibilidade nesse tipo de tratamento, pois os mentores, sabedores dessa temática e zeladores dos ideais da casa, administram apenas fluidos compatíveis. Logicamente que os encarnados também aprendem que não podem agir como doadores, mas como agentes de condução e de harmonização do processo.

São três as principais condições onde o fluido vital terá uma participação ativa:

a. Animalização da matéria: o fluido vital é a força motriz dos seres orgânicos; o elemento que dá impulsão aos órgãos, movimento e atividade à matéria organizada.
b. Mediunidade de efeitos físicos: o fluido vital é um dos constituintes do ectoplasma, material de que se utilizam os espíritos nas manifestações mediúnicas de efeitos físicos. Os médiuns aptos à produção de tais fenômenos liberam essas energias com mais facilidade.
c. Tratamentos espirituais: nos processos de tratamento espiritual onde são utilizadas energias dos encarnados, o fluido vital será o principal elemento a ser

transfundido para o enfermo. Quem o possui em melhor condição pode doá-lo àquele que necessita dele e fazer retornar à saúde uma criatura doente. Nos processos de "moratória espiritual", onde o encarnado recebe permissão para continuar na Terra por mais alguns anos, estará ele recebendo determinada carga de fluido vital, para renovar as suas reservas já combalidas. Ex. paciente Argos recebe cinco anos de sobrevida (*Painéis da obsessão* - Manoel Philomeno de Miranda - psicografia de Divaldo Franco).

FLUIDO VITAL E ABASTECIMENTO

Uma ilustração que geralmente fazemos quando nos reportamos a este assunto é a comparação com a bateria do carro: ela precisa de uma carga inicial para entrar em funcionamento, e a partir daí, o movimento do carro faz com que a bateria se mantenha carregada. Se o carro fica parado por muito tempo ela pode se descarregar. Assim, na nossa vida, nossas atividades, alimentação, vícios etc. influenciam na quantidade e na qualidade do fluido vital. Podemos, inclusive, antecipar nossa desencarnação dependendo da vida que levamos.

REPOSIÇÃO DE FLUIDO VITAL

a. Através da respiração, em especial pela respiração com mentalização ou respiração prânica, que é uma técnica de absorção desta energia vital do cosmos.

b. Reposição pela alimentação. Ao ingerirmos alimento orgânico sempre absorvemos energia vital. Quando comemos uma maçã estamos ingerindo a energia vital nela contida além dos elementos químicos que a compõem.

DUPLO ETÉRICO E LUCIDEZ

O duplo etérico não é veículo da consciência. Não possui órgãos como o perispírito (corpo astral) que tem um cérebro. O duplo etérico não atua como veículo separado, individual, para manifestação da consciência, nem está apto para captar informações por não ter cérebro, ao contrário do perispírito.

PASSE E DISTRIBUIÇÃO DO FLUIDO VITAL

Considero que a energia vital doada (passe) é captada pelo duplo etérico, sofre uma aceleração vibratória e "sobe" ao perispírito. Como sequência sofre um rebaixamento ou desaceleração vibratória e "desce" para o corpo físico. Em resumo, entra pelo duplo etérico e vai para o perispírito de onde segue para o corpo físico.

FLUIDO VITAL E ECTOPLASMA

O ectoplasma é uma substância amorfa, vaporosa, com tendência à solidificação pela evolução do fenômeno no qual participa, tomando forma por influência de um campo-organizador específico. É facilmente fotografada; de cor branco acinzentado; vai desde a névoa transparente à forma tangível; de aspecto semelhante aos tecidos vivos, oferecendo sensação de viscosidade e frieza.

Nas materializações: o espírito comunicante veste o roupão de ectoplasma que é o duplo do médium.

André Luiz explica que podemos dividir o ectoplasma em três elementos essenciais:

> Fluidos A, representando as forças superiores e sutis de nossa esfera;
>
> Fluidos B, definindo os recursos do médium e dos companheiros que o assistem e fluidos C, constituindo energias tomadas à Natureza terrestre. A combinação desses três fluidos cria propriedades diferenciadas

MECANISMO DAS CURAS ESPIRITUAIS:

Kardec afirma que uma grande força fluídica aliada a uma maior soma possível de qualidades morais, pode operar curas verdadeiramente prodigiosas. Diz também que a confiança e a vontade do curador aliada à fé do doente auxiliam poderosamente a ação fluídica. (*O Livro dos Médiuns,* cap. 14)

Acrescenta este cientista que Jesus tinha razão ao dizer: "Tua fé te salvou." Compreende-se que a fé à qual ele se refere não é uma virtude mística, como certas pessoas entendem, mas uma verdadeira força atrativa.

O PROCESSO DE CURA

> A cura se opera pela substituição de uma molécula malsã por uma molécula sã. O poder curativo estará, pois, na razão direta da pureza da substância inoculada. Depende também da energia da vontade que, quanto maior for, tanto mais abundante emissão fluídica provocará e tanto mais força de penetração dará ao fluido. (Allan Kardec: *A Gênese*, cap. 14)

PEQUENO RESUMO DAS CARACTERÍSTICAS DOS FLUIDOS

O fluido magnético forma em torno do nosso corpo uma atmosfera. Não sendo impulsionado por nossa vontade, não age sensivelmente sobre os indivíduos que nos cercam; desde que nossa vontade o impulsione e o dirija, ele se move com toda a força que lhe imprimimos.

O fluido penetra todos os corpos animados ou inanimados.

A quantidade de fluido vital se esgota; pode vir a ser insuficiente para manter a vida, se não renovado pela absorção e a assimilação das substâncias que o contém.

O fluido vital se transmite de um indivíduo para o outro. Aquele que tem o bastante pode fornecê-lo àquele que tem pouco e, em certos casos restabelecer a vida prestes a se apagar. Este é o princípio do passe.

O fluido possui um odor, que varia segundo o estado de saúde física do indivíduo, dos seus dotes morais e espirituais, e do seu grau de evolução e pureza. Melhor diríamos afirmando, em síntese, que o odor e a coloração do fluido estão na razão direta do estado de evolução da alma ou do espírito. O quadro dos fluidos seria, pois, o de todas as paixões, das virtudes e vícios da humanidade.

Cada fluido tem o seu odor específico.

O fluido é visto pelo sonâmbulo como um vapor luminoso, mais ou menos brilhante e que pode tomar outras colorações dependendo do organismo estar sadio ou doente, da evolução do espírito ou mesmo de um estado particular de ódio, tristeza, inveja, dentre outros.

O fluido magnético se propaga a grandes distâncias, que depende, entretanto, da qualidade e da força do magnetizador, e igualmente da maior ou menor sensibilidade magnética do paciente. Ex. passe à distância; prece por um filho distante.

O fluido pode irradiar-se a grandes distâncias.

O fluido está sujeito às leis de atração, repulsão e afinidade. Nem todos os corpos são igualmente bons condutores.

O fluido está submetido à lei de atração e repulsão: você atrai o que transmite.

O fluido magnético pode ser direcionado ou como que "aspirado", atraído por um desejo forte. Ver o episódio no qual Jesus perguntou: quem me tocou?

O estado atmosférico pode, de certo modo, aumentar ou diminuir a intensidade do fluido e, portanto, a eficácia da magnetização. Ex. as tempestades podem alterar o desempenho de uma operação magnética.

A quantidade de fluido vital não é fator absoluto para todos os seres orgânicos; varia segundo as espécies e, não é fator constante, seja no mesmo indivíduo, seja nos indivíduos da mesma espécie. Existem alguns que são, por assim dizer, saturados, enquanto outros dispõem apenas de uma quantidade suficiente; daí, para alguns, a vida é mais ativa, mais vibrante e, de certo modo superabundante.

São extremamente variados os efeitos da ação fluídica sobre os doentes de acordo com as circunstâncias. Ação lenta em uns, rápida em outros.

A ligação entre o fluido magnético e os corpos que o recebem é tão íntima que nenhuma força pode destruí-la. Instrumentos magnetizados para produzir sono, tratados com álcool, ácido, fogo, nada lhes alterou as características adquiridas. Em uma folha de papel magnetizado, após queimado, as cinzas ainda produziam o sono.

Obs. Objeto magnetizado para causar doenças. Esse é o princípio da magia negra.

O tônus vital nada mais é que a manifestação do fluido vital. Todos nós temos fluido vital, mas a quantidade dele é que determina o tônus vital de cada órgão ou de cada indivíduo.

O fluido vital no seu conjunto vai constituir o que se denomina de "duplo etérico", "corpo vital" ou "corpo bioplásmico".

Fluido nervoso, fluido elétrico, fluido magnético, fluido elétrico animalizado, todos são sinônimos de fluido vital.

Sorrisos sinceros sempre atraem bons fluidos, pois os maus fluidos não suportam o calor de uma amizade correspondida nem o abraço de um irmão que nos quer bem.

Este resumo foi composto com base nas informações da codificação kardequiana, do livro De Michaelus – *Magnetismo espiritual* e da obra *O livro dos fluidos* – espíritos diversos, psicofonia de João Berbel.

08

O MÉRITO

MÉRITOS SÃO COISAS que alcançamos por esforço próprio. Em *O Evangelho segundo o Espiritismo*, capítulo XVI, encontra-se belíssimo texto de Pascal intitulado de "A verdadeira propriedade" que retrata com fidelidade o que são méritos.

> O que é, então, que o homem possui? Nada do que se destina ao uso do corpo, e tudo o que se refere ao uso da alma: a inteligência, os conhecimentos, as qualidades morais. Eis o que ele traz e leva consigo, o que ninguém tem o poder de tirar-lhe, e ainda mais lhe servirá no outro mundo do que neste. O viajante que chega a uma estalagem, se ele pode pagar, é dado um bom alojamento; ao que pode menos dado um pior; e o que nada tem, é deixado ao relento. As-

> sim acontece com o homem, quando chega ao mundo dos espíritos: sua posição depende de suas posses, com a diferença de que não pode pagar em ouro.

Potencialmente, o espírito vem com todas as possibilidades de construir sua autonomia. As leis de Deus não julgam, inocentam, ou condenam alguém, pois são impessoais. Os erros cometidos por alguém são consequências da sua incapacidade naquele momento. Mas eles o levam a criar estratégias de superação que o encaminham ao reequilíbrio. Por isso, pedagogicamente, consideramos o erro como uma tentativa de acerto.

Portanto, cada um se corrige, uma vez que o julgamento se dá pela própria criatura, mediante as leis da consciência. Não há punição, mas autocorreção ou retificação. Nessa caminhada, os bons espíritos, quais experientes professores, em obediência e em sintonia com a misericórdia divina incentivam os retardatários à prática do bem para que lhes sejam acrescentados méritos. Na linguagem comum "mérito" é aquilo que se deve receber pelo que se fez ou deixou de fazer, portanto, pode ser uma recompensa a receber ou um reparo a se fazer. No caso de um reparo podemos chamar, também, de demérito.

Dai a César o que é de César, ou seja, *a cada um seja dado o que lhe é devido*. Isso significa que não podemos tratar todos igualmente, como prega a doutrina do *igualitarismo*. Quando tratamos pessoas diferentes do mesmo modo, estamos cometendo injustiça com alguém. Mas isso não é motivo para rejeitar a presença de pessoas equivocadas no centro espírita.

Uma boa ideia sobre mérito nos é fornecida por Francisco de Assis em seu poema-oração: é dando que se recebe, perdoando que se é perdoado, ou seja, para receber algo da vida é preciso doar algo a ela. A vida nos devolve tudo que a ela ofertamos. Madre Teresa, espírito iluminado e belo nos descreve de maneira poética e sábia como se processa essa relação de mérito após a morte:

> No final de nossas vidas não seremos julgados pelos muitos diplomas que recebemos, por quanto dinheiro fizemos ou por quantas grandes coisas realizamos. Seremos julgados pelo tive fome, e me destes de comer, tive sede, e me destes de beber; fui estrangeiro, e vós me acolhestes, necessitei de roupas e me vestistes; estive enfermo e me cuidastes; estive preso, e fostes visitar-me.

As curas ocorrem, sempre, de acordo com os ditames da lei de causa e efeito (*A Gênese*, cap. 14). Isso é uma consequência natural da lei poeticamente lembrada por Jesus como: a cada um será dado segundo suas obras, justiça, portanto. Mas se fôssemos cobrados por todas as ações equivocadas em sentido milimétrico da lei, sofreríamos muito mais do que já sofremos. É que Deus é misericordioso e contabiliza muitas faltas na conta de nossa enorme ignorância sobre as verdades divinas. Por sobre todas as dores do mundo vigia a misericórdia com sua quilométrica série de unguentos e suas palavras afáveis.

AVALIANDO O MÉRITO

Contrato verbal: na parábola dos "trabalhadores da última hora" (Mt 20:1-6.) os trabalhadores são remunerados por um contrato verbal feito entre as partes e não pela quantidade de horas trabalhadas ou pela produção realizada. Os "trabalhadores da última hora" ganharam a mesma quantia do que os da primeira hora, pois o senhor da vinha cumpriu o acordo feito com cada trabalhador, não levando em conta a quantidade.

Na parábola do "festim das bodas" (Mt 22:1-14; Lc 14:16-24), o senhor da festa pune os convidados que não estavam com as roupas de núpcias, isto é os que não estavam preparados, não cumpriram o "acordo" de usarem a vestimenta adequada, não importando terem comparecido às bodas. Na "parábola das dez virgens" (Mt 25:1-3), as cinco "loucas" não mereceram tomar parte da noite de núpcias porque não cumpriram o "acordo" de levar azeite para suas lamparinas. Não se prepararam para o serviço. Essa espécie de acordo é muito comum na relação entre os espíritos. Ele geralmente especifica as condições de atuação em determinada tarefa que pode ser a encarnação ou uma jornada de trabalho.

Intenção: a intenção agrava ou atenua o mérito de uma ação ou de uma omissão. Na passagem bíblica do "óbolo da viúva" (Lc 21:1-4) esta coloca no gazofilácio duas moedas de pouco valor monetário e Jesus comenta que a doação dela valeu mais do que as outras de maior valor, pois ela deu do pouco que tinha e os outros do muito que lhes sobrava. O importante nesse contexto não foi a quantidade de dinheiro, o valor, mas a intenção dela de servir dentro de sua capacidade ou limite. Por isso se diz que o limite do trabalho é o limite das forças. Por isso o espiritismo não valoriza muito os atos externos, os sacrifícios, as mortificações, penitências, abstinências, abundância de orações, promessas. O conceito de "bom espírita" resume-se no esforço que a pessoa faz para dominar suas más inclinações e por perseverar na sua transformação moral. O orgulho diminui o valor da virtude, pois, em última análise, essa virtude é utilizada para satisfazer o orgulhoso, o que a torna nula.

Retornando ao aspecto da cura, pois as reuniões ditas de cura dos centros espíritas sempre se apresentam superlotadas, podemos dizer diante do mérito que na prática cada um cura a si próprio, mediante o esforço que faz para ser melhor a cada dia. Por isso Jesus dizia: Vai! Tua fé (estado íntimo de mudança) te curou. Como consequência o espiritismo não admite que alguém pague pelo pecado de outrem ou da coletividade, ou ofereça o sacrifício de animais, a fim de pagar os débitos que não decorreram de sua intenção: *O Livro dos Espíritos,* 973 "*(...) cada um é punido por aquilo em que pecou.*" Portanto, o espiritismo não aceita a herança do "*pecado original*". Do mesmo modo, o doente mental que comete desatinos, não tem responsabilidade sobre o delito, pois não tinha a intenção de cometê-los, podendo apenas receber medidas cautelares, a fim de não oferecer risco à sociedade: *O Livro dos Espíritos,* 944-A. "*O louco que se mata não sabe o que faz.*"

Capacidade, limites: As pessoas em atuação em qualquer setor no qual se exercitem têm obrigação de fazer o máximo de acordo com sua capacidade, com seus limites.

Por exemplo: uma pessoa sadia pode colher dez cachos de banana por dia; um deficiente pode colher somente cinco. Se esse deficiente colhe cinco e o sadio nove, aquele, embora tendo colhido menos em números absolutos, colheu mais em relação ao outro que negligenciou o seu limite. Na parábola dos "trabalhadores da última hora", enfatiza-se que os que trabalharam menos não o fizeram por culpa própria, mas porque só foram contratados na undécima hora. Todavia já estavam a postos para o trabalho desde a manhã.

Um professor de economia em uma universidade americana disse que nunca havia reprovado um só aluno, até que certa vez reprovou uma classe inteira.

Esta classe em particular havia insistido que o socialismo realmente funcionava: com um governo assistencialista intermediando a riqueza ninguém seria pobre e ninguém seria rico, tudo seria igualitário e justo. O professor então disse, "Ok, vamos fazer um experimento socialista nesta classe. Ao invés de dinheiro, usaremos suas notas nas provas. Todas as notas serão concedidas com base na média da classe e, portanto, serão 'justas'. Todos receberão as mesmas notas, o que significa que em teoria ninguém será reprovado, assim como também ninguém receberá um 'A'."

Após calculada a média da primeira prova todos receberam "B". Quem estudou com dedicação ficou indignado, mas os alunos que não se esforçaram ficaram muito felizes com o resultado.

Quando a segunda prova foi aplicada, os preguiçosos estudaram ainda menos. Eles esperavam tirar notas boas de qualquer forma. Já aqueles que tinham estudado bastante no início resolveram que eles também se aproveitariam do trem da alegria das notas. Como resultado, a segunda média das provas foi "D".

Ninguém gostou. Depois da terceira prova, a média geral foi um "F". As notas não voltaram a patamares mais altos, mas as desavenças entre os alunos, buscas por culpados e palavrões passaram a fazer parte da atmosfera das aulas daquela classe. A busca por 'justiça' gerou um alto número de reclamações entre os alunos e as inimizades e o clima de injustiça passaram a fazer parte daquela turma. No final das contas, ninguém queria mais estudar para beneficiar o resto da sala. Portanto, todos os alunos repetiram aquela disciplina... Para sua total surpresa. O mundo ainda não está preparado para o socialismo e muito menos para o comunismo no verdadeiro sentido dessas palavras.

Quantidade/Qualidade: Os exemplos já citados dos "trabalhadores da última hora" e do "óbolo da viúva" mostram que o que produz o mérito é a qualidade da ação e não a quantidade. Orações abundantes, longas, valem menos do que uma prece curta e única, mas feita com fervor.

Não deve haver preocupação exagerada nos atos de doação em um centro espírita. Em um criminoso e em um santo que se aplique o mesmo passe, que seja dada da mesma água, e que a caridade seja praticada por inteiro. O que não tem mérito traz no corpo os impeditivos da recepção e da ação dos fluidos. Se ele não obteve alívio não foi por uma proibição ou discriminação dos bons espíritos, mas pelo terreno inculto onde as sementes foram lançadas. Não julgueis, disse Jesus.

Ainda quanto ao merecimento, analisemos a situação de espíritos que se julgavam possuidores de méritos para galgarem estágios mais altos de espiritualidade.

> Totalmente absortos no entusiasmo de ensinar o caminho do bem aos semelhantes, não cogitavam de qualquer mergulho no pretérito, por isso que, muitas vezes, quando nos fascinamos pelo esplendor dos cimos, nem sempre nos sobra disposição para qualquer vistoria aos nevoeiros do vale... Dessa forma, passaram a desejar ardentemente a ascensão, sentindo-se algo desencantados pela ausência de apoio das autoridades que lhes não reconheciam o mérito imprescindível." *(Ação e reação,* obra psicografada pelo médium Francisco Cândido Xavier.*)*

Esses espíritos solicitaram audiência com a finalidade de obterem passaporte para planos mais elevados. Seus superiores procederam a uma regressão de memória e...

> ... Reconduziram a memória a períodos mais recuados no tempo. Ascânio e Lucas possuíam, de fato, méritos extensos, adquiridos em quase cinco séculos sucessivos; no entanto, quando a gradativa auscultação alcançou o século XV, algo surgiu que lhes impôs dolorosa meditação: "Arrebatadas ao arquivo da memória e a doer-lhes profundamente no espírito, depois da operação magnética a que nos referimos, reapareceram nas fichas mencionadas as cenas de ominoso delito por ambos cometido, em 1429, logo após a libertação de Orleans, quando participaram no exército de Joana d'Arc. Famintos de influência junto aos irmãos de armas, não hesitaram em assassinar dois companheiros, precipitando-os do alto de uma fortaleza no território de Gâtinais, sobre fossos

imundos, embriagando-se nas honrarias que lhes valeram, mais tarde, torturantes remorsos além do sepulcro".

Nesse ponto, inquiridos se desejavam prosseguir na sondagem singular, responderam negativamente, preferindo liquidar a dívida, antes de novas imersões no passado. Ascânio e Lucas suplicaram, assim, o retorno ao campo dos homens, no qual resgatariam o débito aludido. Como podiam escolher o gênero de provação, em vista dos recursos morais amealhados no mundo íntimo, optaram por tarefas no campo da aeronáutica, a cuja evolução ofereceram suas vidas.

Fazia dois meses - informou Druso - que os dois amigos haviam desencarnado, em virtude de um acidente aviatório, tendo sofrido, desse modo, a pedido deles, a mesma queda mortal que infligiram aos companheiros de luta no século XV.

SOBRE A PROBLEMÁTICA DO CARMA

Para conseguir a melhora da Humanidade, não podia Deus empregar outros meios que não os flagelos destruidores?

– Pode e os emprega todos os dias, pois que deu a cada um os meios de progredir pelo conhecimento do bem e do mal. O homem, porém, não se aproveita desses meios. Necessário, portanto, se torna que seja castigado no seu orgulho e que se lhe faça sentir a sua fraqueza.

a. – Mas, nesses flagelos, tanto sucumbe o homem de bem como o perverso. Será justo isso?

Durante a vida, o homem tudo refere ao seu corpo; entretanto, de maneira diversa pensa depois da morte. Ora, conforme temos dito, a vida do corpo bem pouca coisa é. Um século no vosso mundo não passa de um relâmpago na eternidade. Logo, nada são os sofrimentos de alguns dias ou de alguns meses, de que tanto vos queixais. Representam um ensino que se vos dá e que vos servirá no futuro.

Os espíritos, que preexistem e sobrevivem a tudo, formam o mundo real (ver questão 85). Esses os filhos de Deus e o objeto de toda a Sua solicitude. Os corpos são meros disfarces com que eles aparecem no mundo. Por ocasião das grandes calamidades que dizimam os homens, o espetáculo é semelhante ao de um exército cujos soldados, durante a guerra, ficassem com seus uniformes estragados, rotos, ou perdidos. O general se preocupa mais com seus soldados do que com os uniformes deles.

b. – Mas, nem por isso as vítimas desses flagelos deixam de o ser.

Se considerásseis a vida qual ela é e quão pouca coisa representa com relação ao infinito, menos importância lhe daríeis. Em outra vida, essas vítimas acharão ampla compensação aos seus sofrimentos, se souberem suportá-los sem murmurar.

Os resgates coletivos ou desastres naturais não seguem a matemática. Um homem que cai da escada ou que é soterrado por uma tempestade pode apenas ter sido vítima de um desastre. No entan-

> to, o mérito que ele tem ou que lhe cabe jamais será negado.
>
> Ouviste que foi dito: 'Amarás ao teu próximo e odiarás ao teu inimigo!' Ora, eu vos digo: amai os vossos inimigos e orai por aqueles que vos perseguem! Assim vos tornareis filhos do vosso Pai que está nos céus; pois Ele faz nascer o sol sobre maus e bons e faz cair a chuva sobre justos e injustos. Se amais somente aqueles que vos amam, que mérito há nisso? Pois também os pecadores amam aos que os amam (Mateus 5:46).
>
> As desigualdades sociais são obras do homem e não de Deus. Elas desaparecerão juntamente com o orgulho e o egoísmo. Restará apenas a desigualdade de mérito. *O Livro dos Espíritos,* 806.

Finalizemos este capítulo com o pensamento de Albert Einstein sobre o mérito: "Temos o destino que merecemos. O nosso destino está de acordo com os nossos méritos."

09

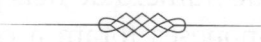

EVENTOS HISTÓRICOS GERADORES DE OBSESSÃO

EVENTOS HISTÓRICOS QUE geraram obsessão:

As Cruzadas
A Inquisição
A escravidão no Brasil
A Revolução Francesa
As guerras mundiais

As cruzadas eram formadas por tropas ocidentais enviadas à Palestina para recuperarem a liberdade de acesso dos cristãos a Jerusalém. A guerra pela Terra Santa, que durou do século XI ao XIV, foi iniciada logo após o domínio dos turcos seljúcidas sobre esta região considerada sagrada para os cristãos. Após o domínio da região, os turcos passaram a impedir ferozmente a peregrinação dos europeus, através da captura e do assassinato de muitos peregrinos que visitavam o local unicamente pela fé. Em 1095, Urbano II, em oposição a este impedimento, convocou um grande número de fiéis para lutarem pela causa. Muitos camponeses foram a combate pela promessa de que receberiam reconhecimento espiritual e recompensas da Igreja; contudo, esta primeira batalha fracassou e muitos perderam suas vidas em combate. Após a Primeira Cruzada foi criada a Ordem dos Cavaleiros Templários, que teve importante participação militar nos combates das Cruzadas seguintes.

Após a derrota na 1ª Cruzada, outro exército ocidental, comandado pelos franceses, invadiu o oriente para lutar pela mesma causa. Seus soldados usavam como emblema, o sinal da cruz costurado sobre seus uniformes de batalha. Sob liderança de Godofredo de Bulhão, estes guerreiros massacraram os turcos durante o combate e tomaram Jerusalém, permitindo novamente livre acesso aos peregrinos.

Outros confrontos deste tipo ocorreram, porém, somente a sexta edição (1228-1229) aconteceu de forma pacífica. As demais serviram somente para prejudicar o relacionamento religioso entre ocidente e oriente. A relação entre os dois continentes ficava cada vez mais desgastada devido à violência e à ambição desenfreada que havia tomado conta dos cruzados, e, o clero católico nada podia fazer para controlar a situação. Embora não tenham sido bem-sucedidas, a ponto de até crianças terem feito parte e morrido por este tipo de luta, estes combates atraíram grandes reis como Ricardo I da Inglaterra, também chamado de Ricardo Coração de Leão, e Luís IX, rei da França, o nosso bem amado, São Luís.

RELAÇÃO DE TODAS AS CRUZADAS MEDIEVAIS:

- Cruzada Popular ou dos Mendigos (1096)
- Primeira Cruzada (1096 a 1099)
- Cruzada de 1101
- Segunda Cruzada (1147 a 1149)
- Terceira Cruzada (1189 a 1192)
- Quarta Cruzada (1202 a 1204)
- Cruzada Albigense (1209 a 1244)
- Cruzada das Crianças (1212) 20.000 mortas ou vendidas)
- Quinta Cruzada (1217 a 1221)
- Sexta Cruzada (1228 a 1229)
- Sétima Cruzada (1248 a 1250)
- Cruzada dos Pastores (1251 a 1320)
- Oitava Cruzada (1270)
- Nona Cruzada (1271 a 1272)
- Cruzadas do Norte (1193 a 1316)

CONSEQUÊNCIAS DAS CRUZADAS

Elas proporcionaram o renascimento do comércio na Europa. Muitos cavaleiros, ao retornarem do Oriente, saqueavam cidades e montavam pequenas feiras nas rotas comerciais. Houve, portanto, um importante reaquecimento da economia no Ocidente. Estes guerreiros inseriram também novos conhecimentos, originários do Oriente, na Europa, através da influente sabedoria dos sarracenos.

No meio desse clima de agressividade, Francisco de Assis esclareceu que fora enviado para além dos mares não por qualquer homem, mas pelo Deus Altíssimo. Começou a pregar e ofereceu-se para entrar no fogo juntamente com um sacerdote sarraceno, para assim provar ao sultão que a Lei de Cristo era verdadeira no que o sultão respondeu:" irmão, eu não creio que algum sacerdote sarraceno queira entrar no fogo por sua fé."

O sultão, admirando a palavra de São Francisco, o fez conduzir em paz e com cuidados especiais aos seus amigos dizendo-lhe por despedida: "reze por mim para que Deus se digne de me revelar a lei e a fé que mais Lhe agrada."

SÃO LUÍS, O REI DAS CRUZADAS

O rei Luís IX da França participou de duas Cruzadas. A 7ª e a 8ª, todas sem êxito. Morreu em 1271, em Túnis, de tifo. O desejo da morte gloriosa e o martírio nas mãos do infiel foram em vão. Mas como era considerado um rei santo, seu corpo foi levado à Itália e submetido à fervura. O rei morto seria canonizado e celebrado como São Luís de França.

A INQUISIÇÃO

A Inquisição foi criada na Idade Média (século XIII) e era dirigida pela Igreja Católica Romana. Ela era composta por tribunais que julgavam todos aqueles considerados uma ameaça às doutrinas (conjunto de leis) desta instituição. Todos os suspeitos eram perseguidos e julgados, e aqueles que eram condenados, cumpriam as penas que podiam variar desde prisão temporária ou perpétua até a morte na fogueira, onde os condenados eram queimados vivos em plena praça pública.

Aos perseguidos, não lhes era dado o direito de saberem quem os denunciara, mas em contrapartida, estes podiam dizer os nomes de todos seus inimigos para averiguação deste tribunal medieval. Com o passar do tempo, esta forma de julgamento foi ganhando cada vez mais força e tomando conta de países europeus como: Portugal, França, Itália e Espanha. Contudo, na Inglaterra, não houve o firmamento destes tribunais.

Muitos cientistas também foram perseguidos, censurados e até condenados por defenderem ideias "contrárias" à doutrina cristã. Um dos casos mais conhecidos foi do cientista italiano Galileu Galilei, que escapou por pouco da fogueira por afirmar que o planeta Terra girava ao redor do Sol (heliocentrismo). A mesma sorte não teve o cientista italiano Giordano Bruno que foi julgado e condenado à morte pelo tribunal, sendo queimado em praça pública.

As mulheres também sofreram nessa época e foram alvos constantes de agressões. Os inquisidores consideravam bruxaria todas as práticas que envolviam a cura através de chás ou remédios feitos de ervas ou outras substâncias. As "bruxas medievais", que nada mais eram do que conhecedoras do poder de cura das plantas ou médiuns, também receberam um tratamento violento e cruel.

Este movimento se tornava cada vez mais poderoso, e este fato, atraía os interesses políticos. Durante o século XV, o rei e a rainha da Espanha se aproveitaram desta força para perseguirem os nobres e, principalmente, os judeus. No primeiro caso, eles reduziram o poder da nobreza, já no segundo, eles se aproveitaram deste poder para torturar e matar os judeus, tomando-lhes seus bens.

Durante esta triste época da história, milhares de pessoas foram torturadas ou queimadas vivas por acusações que, muitas vezes, eram injustas e infundadas. Com um poder cada vez maior nas mãos, a Inquisição chegou a desafiar reis, nobres, burgueses e outras importantes personalidades da sociedade da época. Esta perseguição aos hereges e protestantes foi finalizada somente no início do século XIX.

Um dos inquisidores que mais mandou matar pessoas no século XV foi o espanhol Tomás de Torquemada. Ele ficou conhecido como o "Grande Inquisidor" e atuou na perseguição e punição de muçulmanos e judeus convertidos que moravam na Espanha.

Joana D'Arc foi queimada numa fogueira em praça pública a 30 de maio de 1431 na cidade francesa de Rouen. A jovem, filha de camponeses, liderou a luta contra a ocupação inglesa em 1429, na Guerra dos Cem Anos.

ESCRAVIDÃO NO BRASIL COLONIAL

A escravidão começou no Brasil no século XVI. Os colonos portugueses começaram escravizando os índios, porém a oposição dos religiosos dificultou esta prática. Os colonos partiram para suas colônias na África e trouxeram os negros para trabalharem nos engenhos de açúcar da região Nordeste. Os escravos também trabalharam nas minas de ouro, a partir da segunda metade do século XVIII.

Tanto nos engenhos quanto nas minas, os escravos executavam as tarefas mais duras, difíceis e perigosas.

A maioria dos escravos recebia péssimo tratamento. Comiam alimentos de qualidade detestável, dormiam na senzala (espécie de galpão úmido e escuro) e recebiam castigos físicos. O transporte dos africanos para o Brasil era feito em navios negreiros que apresentavam deploráveis condições. Muitos morriam durante a viagem.

Os comerciantes de escravos vendiam os negros como se fossem mercadorias. Estes não podiam praticar sua religião de origem africana, nem seguir sua cultura. Porém, muitos praticavam a religião de forma escondida.

As mulheres também foram escravizadas e executavam, principalmente, atividades domésticas. Os filhos de escravos também tinham que trabalhar por volta dos 8 anos de idade.

Muitos escravos lutaram contra esta situação injusta e desumana. Ocorreram revoltas em várias fazendas. Muitos fugiram e formaram quilombos, onde podiam viver de acordo com sua cultura. A escravidão só acabou no Brasil no ano de 1888, após a decretação da Lei Áurea.

A REVOLUÇÃO FRANCESA

A situação da França no século XVIII era de extrema injustiça social na época do Antigo Regime. O Terceiro Estado era formado pelos trabalhadores urbanos, camponeses e a pequena burguesia comercial. Os impostos eram pagos somente por este segmento social com o objetivo de manter os luxos da nobreza.

A França era um país absolutista nesta época. O rei governava com poderes absolutos, controlando a economia, a justiça, a política e até mesmo a religião dos súditos. A falta de democracia incomodava aos trabalhadores que não podiam votar, nem mesmo dar opiniões na forma de governo. Os oposicionistas eram presos na Bastilha (prisão política da monarquia) ou condenados à morte.

A sociedade francesa do século XVIII era estratificada e hierarquizada. No topo da pirâmide social estava o clero que também tinha o privilégio de não pagar impostos. Abaixo do clero estava a nobreza formada pelo rei, sua família, condes, duques, marqueses e outros nobres que viviam de banquetes e de muito luxo na corte.

A base da sociedade era formada pelo Terceiro Estado (trabalhadores, camponeses e burguesia) que, como já dissemos, sustentava toda a sociedade com seu trabalho e com o pagamento de altos impostos. Pior era a condição de vida dos desempregados que aumentavam em larga escala nas cidades francesas.

A vida dos trabalhadores e camponeses era de extrema miséria, portanto, desejavam melhorias na qualidade de vida e de trabalho. A burguesia, mesmo tendo uma condição social melhor, desejava uma participação política maior e mais liberdade econômica em seu trabalho.

A REVOLUÇÃO FRANCESA (14/07/1789)

A situação social era tão grave e o nível de insatisfação popular tão grande que o povo foi às ruas com o objetivo de tomar o poder e arrancar do governo a monarquia comandada pelo rei Luís XVI. O primeiro alvo dos revolucionários foi a Bastilha. A Queda da Bastilha em 14/07/1789 marca o início do processo revolucionário, pois a prisão política era o símbolo da monarquia francesa. O lema dos revolucionários era "Liberdade, Igualdade e Fraternidade", pois ele resumia muito bem os desejos do Terceiro Estado francês. Durante o processo revolucionário, grande parte da nobreza deixou a França, porém a família real foi capturada enquanto tentava fugir do país. Presos, os integrantes da monarquia, entre eles o rei Luís XVI e sua esposa Maria Antonieta foram guilhotinados em 1793. O clero também não saiu impune, pois os bens da Igreja foram confiscados durante a revolução.

No mês de agosto de 1789, a Assembleia Constituinte cancelou todos os direitos feudais que existiam e promulgou a Declaração dos Direitos do Homem e do Cidadão. Este importante documento trazia significativos avanços sociais, garantindo direitos iguais aos cidadãos, além de maior participação política para o povo.

GIRONDINOS E JACOBINOS

Após a revolução, o Terceiro Estado começa a se transformar e partidos começam a surgir com opiniões diversificadas. Os girondinos, por exemplo, representavam a alta burguesia e queriam evitar uma participação maior dos trabalhadores urbanos e rurais na política. Por outro lado, os jacobinos representavam a baixa burguesia e defendiam uma maior participação popular no governo. Liderados por Robespierre e Saint-Just, os jacobinos eram radicais e defendiam também profundas mudanças na sociedade que beneficiassem os mais pobres.

Em 1792, os radicais liderados por Robespierre, Danton e Marat assumem o poder e organizam as guardas nacionais. Estas recebem ordens dos líderes para matar qualquer oposicionista do novo governo. Muitos integrantes da nobreza e outros franceses de oposição foram condenados à morte neste período. A violência e a radicalização política são as marcas desta época na qual 17.000 pessoas foram guilhotinadas na França.

Em 1795, os girondinos assumem o poder e começam a instalar um governo burguês na França. Uma nova Constituição é aprovada, garantindo o poder da burguesia e ampliando seus direitos políticos e econômicos. O general francês Napoleão Bonaparte é colocado no poder, após o Golpe de 18 de Brumário (9 de novembro de 1799) com o objetivo de controlar a instabilidade social e implantar um governo burguês. Napoleão assume o cargo de primeiro-cônsul da França, instaurando uma ditadura.

A Revolução Francesa foi um importante marco na História Moderna da nossa civilização. Significou o fim do sistema absolutista e dos privilégios da nobreza. O povo ganhou mais autonomia e seus direitos sociais passaram a ser respeitados. A vida dos trabalhadores urbanos e rurais melhorou significativamente. Por outro lado, a burguesia conduziu o processo de forma a garantir seu domínio social. As bases de uma sociedade burguesa e capitalista foram estabelecidas durante a revolução. Os ideais políticos (principalmente iluministas) presentes na

França antes da Revolução Francesa também influenciaram a independência de alguns países da América Espanhola e o movimento de Inconfidência Mineira no Brasil.

AS GUERRAS MUNDIAIS

Um dos mais importantes motivos da guerra foi o surgimento, na década de 1930, na Europa, de governos totalitários com fortes objetivos militaristas e expansionistas. Na Alemanha surgiu o nazismo, liderado por Hitler que pretendia expandir o território alemão, desrespeitando o Tratado de Versalhes, inclusive reconquistando territórios perdidos na Primeira Guerra. Na Itália estava crescendo o Partido Fascista, liderado por Benito Mussolini, que se tornou o Duce da Itália, com poderes sem limites.

Tanto a Itália quanto a Alemanha passavam por uma grave crise econômica no início da década de 1930, com milhões de cidadãos sem emprego. Uma das soluções tomadas pelos governos fascistas destes países foi a industrialização, principalmente na criação de indústrias de armamentos e equipamentos bélicos (aviões de guerra, navios, tanques, etc).

Na Ásia, o Japão também possuía fortes desejos de expandir seus domínios para territórios vizinhos e ilhas da região. Estes três países, com objetivos expansionistas, uniram-se e formaram o Eixo. Um acordo com fortes características militares e com planos de conquistas elaborados em comum acordo.

O INÍCIO DA GUERRA

O marco inicial ocorreu no ano de 1939, quando o exército alemão invadiu a Polônia. De imediato, a França e a Inglaterra declararam guerra à Alemanha. De acordo com a política de alianças militares existentes na época, formaram-se dois grupos: Aliados (liderados por Inglaterra, URSS, França e Estados Unidos) e Eixo (Alemanha, Itália e Japão).

O período de 1939 a 1941 foi marcado por vitórias do Eixo, lideradas pelas forças armadas da Alemanha, que conquistou o Norte da França, Iugoslávia, Polônia, Ucrânia, Noruega e territórios no norte da África. O Japão anexou a Manchúria, enquanto a Itália conquistava a Albânia e territórios da Líbia.

Em 1941 o Japão ataca a base militar norte-americana de Pearl Harbor no Oceano Pacífico (Havaí). Após este fato, considerado uma traição pelos norte-americanos, os Estados Unidos entraram no conflito ao lado das forças aliadas.

De 1941 a 1945 ocorreram as derrotas do Eixo, iniciadas com as perdas sofridas pelos alemães no rigoroso inverno russo. Neste período, ocorre uma regressão das forças do Eixo que sofrem derrotas seguidas. Com a entrada dos Estados Unidos, os aliados ganharam força nas frentes de batalhas.

O Brasil participa diretamente, enviando para a Itália (região de Monte Cassino) os pracinhas da FEB, Força Expedicionária Brasileira. Os cerca de 25 mil soldados brasileiros conquistam a região, somando uma importante vitória ao lado dos Aliados.

O FINAL DA GUERRA E SUAS CONSEQUÊNCIAS

Este importante e triste conflito terminou somente no ano de 1945 com a rendição da Alemanha e da Itália. O Japão, último país a assinar o tratado de rendição, ainda sofreu um forte ataque dos Estados Unidos, que despejou bombas atômicas sobre as cidades de Hiroshima e Nagasaki. Uma ação desnecessária que provocou a morte de milhares de cidadãos japoneses inocentes, deixando um rastro de destruição nestas cidades.

Os prejuízos foram enormes, principalmente para os países derrotados. Foram milhões de mortos e feridos, cidades destruídas, indústrias e zonas rurais arrasadas e dívidas incalculáveis. O racismo esteve presente e deixou uma ferida grave, principalmente na Alemanha, onde os nazistas mandaram para campos de concentração e mataram aproximadamente seis milhões de judeus.

Com o final do conflito, em 1945, foi criada a ONU (Organização das Nações Unidas), cujo objetivo principal seria a manutenção da paz entre as nações. Inicia-se também um período conhecido como Guerra Fria, colocando agora, em lados opostos, Estados Unidos e União Soviética. Uma disputa geopolítica entre o capitalismo norte-americano e o socialismo soviético, onde ambos os países buscavam ampliar suas áreas de influência sem entrar em conflitos armados.

Total de mortos nas duas guerras
Primeira Grande Guerra: 10 milhões
Segunda Grande Guerra: 1 961 913 000

Fico com Gandhi para finalizar tantos dramas: "olho por olho e o mundo acabará cego". Bom mesmo é a paz, a serenidade, velhinhos caminhando de mãos dadas, olhar o mar com sua amada ao lado.

10

O PENSAMENTO

A MENTE É o veículo através do qual o espírito manifesta a sua vontade.

Cérebro: órgão que permite à mente a manifestação dos seus desejos.

O espírito se utiliza da mente e esta se utiliza do cérebro. A mente e o cérebro são instrumentos do espírito.

Analisando friamente estas definições, crianças anencéfalas não teriam como expressar a vontade do espírito. Ocorre que as crianças não nascem sem o cérebro, mas com má formação cerebral, o que lhes dificulta a leitura do mundo.

André Luiz, no livro *"Evolução em dois mundos"*, nos dá notícia de que a mente é envolvida por um corpo especial, à parte do perispírito, que denominou de corpo mental.

A mente é, assim, a fábrica que organiza a vontade do espírito. Por seu intermédio, o espírito produz uma força inteligente, que podemos chamar de "ideia", que ganha forma e direção através do pensamento. Nesse sentido a mente é uma fábrica que não para nunca.

Nessa fábrica, para efeito didático, podemos chamar o espírito de dono, de gerente a vontade e de matéria-prima utilizada as ideias e as emoções.

Como melhorar a produção da fábrica? Em muitos casos alterando a matéria-prima. Sigamos nesse raciocínio com Emmanuel.

O livro "*Pensamento e Vida*", através da psicografia de Chico Xavier nos esclarece:

> Comparemos a mente humana a um grande escritório, subdividido em diversas seções de serviços. Aí possuímos o departamento do Desejo, em que operam os propósitos e as aspirações, acalentando o estímulo do trabalho; o departamento da Inteligência, dilatando os patrimônios da evolução e da cultura; o departamento da Imaginação, amealhando as riquezas do ideal e da sensibilidade; o departamento da Memória, arquivando as súmulas da experiência, e outros, ainda, que definem os investimentos da alma. Acima de todos eles, porém, surge o gabinete da Vontade. A Vontade é a gerência esclarecida e vigilante, governando todos os setores da ação mental. A mente organiza e direciona a ideia através da vontade.

Sigamos com essa analogia, a mente ser uma fábrica, e tomemos situações nas quais a fábrica possa ser alterada segundo agressões a ela dirigidas.

A fábrica pode ser invadida e assaltada? Sim. Se não ligarmos o sistema de alarme.

As induções mentais que os obsessores nos lançam são verdadeiras invasões; as monoideias deixam a fábrica com um único produto. Tudo funciona nesse caso como se o assaltante roubasse todos os outros produtos, deixando apenas um. Nesse caso houve, também, um decréscimo na produção da fábrica reduzindo-a a um único produto. Ela deixa de ser competitiva e só é procurada por clientes interessados naquele produto. Cuide de sua fábrica com equilibrada atenção deixando o sistema de alarme sempre ligado, a vigilância e a oração, a fim de que o assaltante não a prejudique.

Proteja sua fábrica! Ordene metas ao seu gerente; que ele contrate seguranças e não forneça matéria-prima para o inimigo.

> Certa feita Chico levou um tombo, caiu de costas e bateu a cabeça no chão. Já estava pronto para reclamar, quando Emmanuel ordenou:
>
> – Agradeça.
>
> – Como?
>
> – Agradeça, vamos.
>
> Ainda no chão, Chico levantou um pouco a voz e acatou:
>
> – Obrigado, muito obrigado.
>
> A voz do amigo invisível decifrou o enigma:
>
> – Se você se irritasse, emitiria vibrações quase iguais às deles e eles ficariam com mais força para acessar você.

O tombo segundo o protetor tinha sido provocado por "espíritos de baixa vibração".

Fornecer matéria-prima para o inimigo significa fortalecê-lo. Examine a situação e invista na sua fábrica. Não dê chance aos concorrentes.

Nesse caso a fábrica, diante de uma ameaça, foi preservada por força de segurança que soube identificar a iminente invasão.

Proteja sua fábrica! Planeje estratégias para continuar na linha de frente.

> Chico, certa feita, foi surpreendido pela visita de uma figura diabólica.
>
> – Você me chamou?
>
> A voz era arrepiante. Chico ia dizer a verdade, quando Emmanuel o aconselhou a trocar o "não" por um "sim" estratégico.
>
> – Chamei sim, senhor.
>
> – E o que você quer?
>
> Chico arriscou uma resposta política:
>
> – É que a vida está tão difícil que eu queria que o senhor me abençoasse em nome de Deus ou em nome das forças em que o senhor crê.
>
> O recém-chegado perdeu o rebolado e insultou:
>
> – É só a gente aparecer que você cai de joelhos!
>
> Depois sumiu.

Quais seriam essas estratégias? Para permanecer na linha de frente é preciso inovar, buscar, criar. É o esforço constante de renovação que o espírito deve fazer como investimento em si próprio.

Proteja sua fábrica! Siga os conselhos de um bom consultor. O bom consultor do espírita é sem qualquer dúvida, a doutrina espírita.

Encontro de Chico na sua mocidade com Emmanuel.

> Está você realmente disposto a trabalhar na mediunidade com Jesus?
>
> – Sim, se os bons espíritos não me abandonarem... – respondeu o médium.
>
> – Não será você desamparado – disse-lhe Emmanuel – mas para isso é preciso que você trabalhe, estude e se esforce no bem.
>
> – E o senhor acha que eu estou em condições de aceitar o compromisso? – tornou o Chico.
>
> – Perfeitamente, desde que você procure respeitar os três pontos básicos para o serviço...
>
> Porque o protetor se calasse, o rapaz perguntou:
>
> – Qual é o primeiro?
>
> A resposta veio firme:
>
> – Disciplina.
>
> – E o segundo?
>
> – Disciplina.
>
> – E o terceiro?
>
> – Disciplina.

Fábrica não é como avião, que pode ser dirigido no automático. Necessita de investimentos, cuidados, vigilância sobre os concorrentes e, sobretudo, sobre si mesmo, o dono do empreendimento.

Gosto desse pensamento simples e claro: dentro de mim há dois cachorros: um deles é cruel e mau;

o outro é muito bom. Os dois estão sempre brigando. O que ganha a briga é aquele que eu alimento mais frequentemente.

SOMOS CARCEREIROS DOS MAUS ESPÍRITOS

> Os espíritos maus pululam em torno da Terra, em virtude da inferioridade moral de seus habitantes. A ação malfazeja que eles desenvolvem faz parte dos flagelos com que a Humanidade se vê a braços neste mundo. A obsessão, como as enfermidades e todas as tribulações da vida, deve ser considerada prova ou expiação e como tal aceita (Allan Kardec).

No dia em que quisermos libertá-los através de nossa evolução moral lhe outorgaremos alforria e, a nós, também. A chave é a mudança de pensamentos que nos tirará da sintonia na qual se hospedam.

> Sendo o espírito o agente da vida, nos intrincados painéis da sua mente se originam as ideias, que se manifestam através dos impulsos cerebrais, cujos sensores captam a onda pensante e a transformam, dando-lhe a expressão e forma que revestem o conteúdo de que se faz portadora (Joanna de Ângelis).

VIGIAI E ORAI PARA NÃO CAIRDES EM TENTAÇÃO (JESUS)

Vigie seus pensamentos; eles se tornam palavras.
Vigie suas palavras; elas se tornam ações.
Vigie suas ações; elas se tornam hábitos.
Vigie seus hábitos; eles formam seu caráter.
Vigie seu caráter; ele se torna seu destino.

(Frank Outlaw)

O QUE É O PENSAMENTO

O pensamento é uma manifestação do espírito, que, para tanto, utiliza-se de seu livre-arbítrio. Quando o emitimos, ele se materializa e ganha o espaço, por intermédio do fluido cósmico em que estamos mergulhados. Uma vez exteriorizado por esse fluido, pode ser recepcionado por outro espírito, encarnado ou desencarnado. Porém, os desencarnados têm maior facilidade de captá-lo, devido ao fato de sua capacidade perceptiva não se encontrar embaraçada pela matéria densa. (Emmanuel).

MECANISMO DO PENSAMENTO

O pensamento não é apenas algo subjetivo, é também matéria imponderável a se manifestar como energia.

O pensamento sendo matéria é formado por partículas, as quais chamaremos de partículas ou corpúsculos mentais, a se expressarem como ondas e formas mentais. "Onde há pensamentos, há correntes mentais e onde há correntes mentais existe associação. E toda associação é interdependência e influenciação recíproca" (André Luiz – *Nos domínios da mediunidade*).

Observando o caso de Ildeu, casado com Marcela que a deixa por Mara, André Luiz mostra como o marido planeja assassinar a esposa descrevendo-o pensando nas cenas do crime projetando no ambiente uma espécie de filme com toda a sequência de gestos para concretizar o assassinato.

> Resgate interrompido – Um marido infiel torna-se rancoroso com a esposa e um filhinho, ao tempo que mantém amor paternal por duas filhas. Tresloucado, planeja assassinar a esposa para poder entregar-se por inteiro à paixão infeliz. Seu pensamento forma imagens nítidas e sucessivas, percebidas com extrema nitidez como se fossem fotografias em seu perispírito (*Ação e reação*, cap. 14).

SINTONIA GERANDO FORMAÇÃO DE GRUPOS: SUICIDAS, HOMICIDAS, ABORTADEIRAS...

Toda imagem gera associação de ideias. Temos imagens visuais, auditivas, táteis, olfativas, gustativas, etc. As ondas e imagens mentais criam um campo eletromagnético em torno da individualidade, também chamado de aura ou halo vital, que exprime a natureza íntima de cada ser.

"Essas forças, em constantes movimentos sincrônicos ou estado de agitação pelos impulsos da vontade, estabelecem para cada pessoa uma onda mental própria." (André Luiz – *Mecanismos da mediunidade*). Dessa maneira pensamentos semelhantes se atraem formando verdadeiras comunidades pautadas pela lei de atração. Assim são formados os vales de suicidas, de abortadeiras, de homicidas, enfim, de espíritos com delitos semelhantes.

O pensamento é criador. Não atua somente ao redor de nós, influenciando nossos semelhantes para o bem ou para o mal; atua principalmente em nós; gera nossas palavras e nossas ações e, com ele, construímos, dia a dia, o edifício grandioso ou miserável de nossa vida presente e futura. Modelamos nossa alma e seu invólucro com os nossos pensamentos. Todo o Universo é uma enorme teia formada por pensamentos. E eu estou inserido nela.

> Há no homem qualquer coisa que escape a todo o constrangimento, e pela qual ele goze de uma liberdade absoluta?
>
> – É pelo pensamento que o homem goza de uma liberdade sem limites, porque o pensamento não conhece entraves. Pode-se impedir a sua manifestação, mas não aniquilá-lo. *O Livro dos Espíritos,* 833.
>
> O homem é responsável pelo seu pensamento?
>
> – É responsável perante Deus. Só Deus, podendo conhecê-lo, condena-o ou absolve-o, segundo a Sua justiça. *O Livro dos Espíritos,* 834.

Que nosso pensamento seja a chave que abre a porta da luz e que não o aprimoremos por necessidade dela, mas por amor a ela. Sejamos autônomos no bem e vivamos segundo Immanuel Kant aconselhava: acredite em milagres, mas não dependa deles.

11

A OBSESSÃO

OBSESSÃO – DEFINIÇÕES:

"(...)Domínio que alguns espíritos logram adquirir sobre certas pessoas. Nunca praticada senão pelos espíritos inferiores, que procuram dominar." (*O Livro dos Médiuns,* cap. 23).

"(...) É a ação persistente que um espírito mau exerce sobre um indivíduo. Apresenta características muito diversas, desde a simples influência moral sem perceptíveis sinais exteriores, até a perturbação completa do organismo e das faculdades mentais." (*O Evangelho segundo o Espiritismo,* cap. XXVIII)

Quanto às palavras sublinhadas podemos observar:

Certas pessoas: nem todos são vítimas de obsessões.

Dominar: o objetivo da obsessão é a dominação daquele que lhe é objeto.

Ação persistente: o obsessor não desiste facilmente. A obsessão pode durar anos e até passar de uma encarnação para outra.

Sem perceptíveis sinais exteriores: Não se detecta a obsessão por sinais no corpo físico.

CLASSIFICAÇÃO DAS OBSESSÕES

Obsessão	Obsessor	Obsidiado
Variedade	Grau de constrangimento	Natureza dos efeitos
Obsessão simples	Impõe – inflige	Desagradável – irritante
Fascinação	Provoca uma ilusão no pensamento	Paralisia do raciocínio – anulação do senso crítico
Subjugação física e / ou moral	Constrição – dominação	Paralisia da vontade
Obsessão física	Torna o ambiente agressivo – *poltergeist*	Vítima de agressões físicas
Possessão	Invade o corpo e o dirige	Fica desdobrado e dominado por uma força maior que a sua

> Pode uma pessoa por si mesma afastar os maus espíritos e se libertar do seu domínio?
>
> – Sempre se pode sacudir um jugo, quando se tem uma vontade firme. *O Livro dos Espíritos,* 475.

Isso quando a obsessão está em seus estágios iniciais. Como ter vontade firme se existe uma paralisia da vontade? Se o raciocínio está paralisado e o senso crítico anulado só um centro espírita sério poderá ajudar no processo desobsessivo.

OBSESSÕES COMPLEXAS

Entre as obsessões complexas, uma das mais conhecidas é a "síndrome dos aparelhos parasitas" inseridos no cérebro, sistema nervoso ou zonas nobres do perispírito, fato que gera quadros neurológicos e psicopatológicos graves, difíceis de serem diagnosticados.

A síndrome dos aparelhos parasitas é o conjunto de sintomas detectados a partir da introdução de microaparelhos fabricados através da ideoplastia pelo obsessor no sistema nervoso perispirítico do obsidiado. Tais artefatos são capazes de promover as mais variadas desarmonias físicas ou mentais que fogem ao modelo proposto por Allan Kardec (àquela época não tínhamos uma tecnologia avançada, por isso devemos sempre estudar Kardec tendo em mente o contexto no qual ele atuou).

CAUSAS DA OBSESSÃO

1. Vingança (o motivo mais comum).
2. Inveja (do sucesso, da beleza, da riqueza...).
3. Ciúme (amante que se julga dono do outro, por exemplo).
4. Opção pelo bem (trabalhadores que oferecem barreira à sementeira do mal sofrem, às vezes, agressões daqueles aos quais combatem).

ABORDAGEM

> Utilizando-se das próprias falhas do caráter de cada um, das suas dificuldades morais, dos conflitos e das heranças da conduta pregressa, estimulam o retorno às paixões vulgares intensificando o cerco e atirando-lhes pessoas desequilibradas, que passam a aturdi-los com os seus apelos vis, a sua psicosfera mórbida, a sua presença desagradável e tóxica. (Manoel Philomeno de Miranda – *Sexo e obsessão*).
>
> Sutilmente, a princípio, em delicado processo de hipnose, a ideia do obsidiante penetra a mente do futuro hóspede que, desguardado das reservas morais necessárias para a manutenção de superior padrão vibratório começa a dar guarida ao pensamento infeliz, incorporando-o às próprias concepções (Divaldo P. Franco/Manoel Philomeno de Miranda).

Como conhecer se uma ideia é minha ou não? Aqui vale o sábio conselho de Sócrates: conhece-te a ti mesmo.

A ESCOLHA DE UM PONTO VULNERÁVEL

O obsessor ao encontrar aquele a quem deseja perseguir inicia a condução do processo obsessivo através dos seguintes procedimentos abaixo relacionados. Todavia isso depende da atuação de cada um, pois, inclusive, há aqueles que são estabanados e querem ir à forra imediatamente sem se importar com técnicas de combate.

SELEÇÃO DOS PONTOS FRACOS (ESCOLHA DA IDEIA A SER REPETIDA COTIDIANAMENTE)

Toda pessoa tem um ponto vulnerável seja o ciúme, o orgulho, a vaidade, o "pavio curto", dentre outros. O obsessor vai detectar essa falha e atuar sistematicamente sobre ela, gerando situações conflituosas no cotidiano daquele a quem quer derrotar.

ALIANÇA COM JUSTICEIROS

Ocorre que, às vezes, aquele a quem o obsessor quer prejudicar tem suas proteções. Faz uso da oração, pratica o evangelho no lar, trabalha como voluntário em asilos, etc. Então o vingador pede ajuda a grupos especializados, verdadeiras instituições do mal que se dedicam ao combate à ordem e à justiça verdadeira. Nelas, técnicos em psicologia, em anatomia, em combates diversificados o amparam e o auxiliam com um projeto específico para derrotar aquele indivíduo escolhido por ele.

INTRODUÇÃO DE ENFERMOS NO LAR

Se o lar da pessoa que sofre o assédio de um inimigo desencarnado não possui a blindagem que o evangelho no lar oferece, não tem créditos que proporcionem uma defesa contra invasores, então o obsessor, com livre acesso, leva para dentro daquele lar enfermos que se encontram abandonados no astral, suicidas sem méritos, loucos, e o deixam a espalhar fluidos perniciosos no ambiente, gerando uma verdadeira neurose coletiva.

USO DA NANOTECNOLOGIA

Se o obsessor entende ou tem acesso a quem entende de técnicas modernas, de uso de tecnologia prejudicial quando implantada no perispírito, ele pode e, certamente fará uso dela. Um exemplo clássico desse gênero de atuação é divulgado por Manoel Philomeno de Miranda em seu livro *Nos bastidores da obsessão*, no qual um jovem encarnado e vítima de um obsessor é levado em perispírito a um laboratório no plano espiritual e lá passa por uma cirurgia na qual seu crânio perispiritual é aberto e colocado em seu cérebro uma célula fotoelétrica gravada com a ordem seguinte: você vai enlouquecer! Suicide-se!

PERSEGUIÇÃO DURANTE O SONO

Muitas vezes o obsessor aguarda que o obsidiado durma para pegá-lo ao pé da cama. Nessas ocasiões ele o aprisiona e o leva para torturas e flagelações. Atendi certa feita, um caso de obsessão de um senhor que morava em território argentino, próximo à terra do fogo, que sofria de semelhante assédio. De tanto apanhar quando saía do corpo passou a ter insônia, mas o inimigo conseguiu uma maneira de atingi-lo acordado. Doutor Bezerra cuidou desse caso, um drama da Primeira Guerra Mundial, em oito meses de reuniões consecutivas. Esse caso está descrito no romance *Desobsessão – terapia dos imortais*, de minha autoria, editado pela EME.

INTRODUÇÃO DE OBJETOS NO CORPO DA VÍTIMA

Casos dessa monta foram estudados por Herculano Pires e descritos em seu livro, *Vampirismo*, no qual os obsessores diziam introduzir pregos e arames para o interior do corpo de suas vítimas, no calcanhar, sendo necessário para retirá-los uma delicada e dolorida cirurgia. Eram relacionados à magia negra e seus praticantes diziam ter sido vítimas no passado e que agora davam a merecida devolução.

ENFERMIDADE SIMULACRO

No livro, *Nos bastidores da obsessão*, Manoel Philomeno de Miranda nos relata que uma jovem obsidiada estava internada em uma enfermaria com hanseníase, mas que todos os sintomas existentes em seu corpo físico eram transmitidos por um obsessor. Na verdade ela portava uma enfermidade simulacro, ou seja, não tinha a doença, mas apresentava os sintomas impressos em seu corpo pela atuação do obsessor. Este visava fazê-la adoecer de verdade pela convivência com os demais enfermos.

MUDANÇA DE COMPORTAMENTO SEXUAL

Ainda no mesmo livro, *Nos bastidores da obsessão*, o autor cita o caso de um jovem obsidiado que por força da atuação de um técnico que lhe descobre em passado recente o desregramento sexual, tem sua libido invertida tornando-o homossexual e fazendo-o reviver o passado no qual mantinha relações desarmoniosas com homens. Nesse caso o obsessor gostava desse tipo de comportamento do jovem e mais o incentivava a praticá-lo, para sentir prazer. Até mesmo diante de um psiquiatra, de quem o jovem se socorre para se livrar do pesadelo pelo qual passava e que o incomodava, o obsessor age em sua mente fazendo-o dizer que aquilo era normal, que o importante é ser feliz, que os preconceitos são tabus que precisam ser quebrados.

DESARMONIA FAMILIAR

Claro que o obsessor, se tiver acesso à casa do obsidiado vai desarmonizá-la por inteiro. Vai em busca de familiares que não se tolerem, que sejam antipáticos em ideias, que foram inimigos no passado e vai colocar tudo isso no caldeirão da desordem e da intolerância. Por qualquer motivo, por uma palavra mal empregada, por uma observação menos feliz o desacerto está formado e a guerra começa. É preciso não dar tréguas, não permitir que a paz se instale, não dar descanso ou bom sono a ninguém. A casa passa a ser um barril de pólvora sempre prestes a explodir.

APAVORAMENTO

Nesse caso o obsessor, pode aguardar o sono do obsidiado e ao vê-lo desdobrado aparecer para ele com seu perispírito alterado, sob a forma do demônio, de um vampiro, de alguém com um punhal no peito, por exemplo. Esses apavoramentos geram pesadelos graves que perturbam o sono e o sistema nervoso do obsidiado podendo levá-lo a síndromes tais quais a do pânico e à depressão.

INDUÇÕES HIPNÓTICAS

Os hipnotizadores podem agir sobre o obsidiado e dar-lhe ordens mentais para serem cumpridas quando ele estiver em vigília, tal como suicidar-se. Pode induzi-lo à droga, à bebida, ao sexo desregrado e a outros desatinos.

Introdução de formas-pensamento (aranhas, escorpiões, serpentes, morcegos) no lar do obsidiado.

Isso também é comum. Já vi dezenas de vezes os guerreiros invadirem apartamentos e promoverem a higienização local destruindo essas formas-pensamento que infestam as paredes, leitos, corpos. Essa fauna estranha se mantém "viva" às custas da energia do ambiente, à proporção que promovem o surgimento de doenças, infectam o local e causam degradação do ar e dos fluidos ambientais.

INTERCÂMBIO DANOSO

Nesse intercâmbio o obsessor rouba energias vitais do obsidiado e devolve energias deletérias, que se acumulam em seu perispírito. Este, através de um mecanismo de defesa, expele tais energias através do corpo físico gerando doenças. É o que chamamos de somatização.

REFLEXOS DA INTERFERÊNCIA (SÍNDROMES OBSESSIVAS)

Conforme a constituição temperamental, o obsidiado faz-se apático; se tende à depressão afoga-se nela, em razão da mensagem telepática deprimente e dos clichês que emergem do inconsciente. Se é dotado de constituição nervosa, torna-se agressivo, violento, explode diante de coisas bobas e depois se arrepende, expondo os nervos a altas cargas de energia que danificam os sensores e condutores nervosos.

A CONVIVÊNCIA COM O OBSESSOR

A convivência com quem nos odeia nunca é confortável.

> Discussões inoperantes, rixas e impertinências, queixas e intrigas, maledicências soezes e calúnias bem elaboradas, vinganças covardes e mentirosas que surgem da fantasia dos mais sonhadores e frívolos, são recursos utilizados pelos técnicos das Legiões das Trevas... (Manoel Philomeno de Miranda – *Sexo e obsessão*).

ROMPENDO A BARREIRA FLUÍDICA

Cada pessoa tem uma espécie de escudo, campo magnético, couraça fluídica que a protege em seu espaço. As ideias do obsessor favorecem sua atração para junto do obsidiado, mas o acoplamento é magnético. Sendo aceitas, fragilizam o campo protetor pela mudança de hábitos que elas impõem ao obsidiado. Fragilizado o campo, sendo a força fluídica superada, o obsidiado perde o domínio do seu próprio espaço e a subjugação se estabelece. Podemos dizer que para subjugar é necessário superar o outro em fluido magnético.

SUBJUGAÇÃO E FLUIDO

> A subjugação corpórea tira quase sempre ao obsidiado as energias necessárias para dominar o mau

espírito. É por isso necessária a intervenção de uma terceira pessoa, agindo por meio do magnetismo ou pela força da sua própria vontade. Na falta do concurso do obsidiado, essa pessoa deve conseguir ascendente sobre o espírito. Mas como essa ascendência só pode ser moral, só pode ser exercida por uma pessoa moralmente superior ao espírito, e seu poder será tanto maior quanto o for a sua superioridade moral, porque então se impõe ao espírito, que se vê obrigado a inclinar-se ante ela. (*O Livro dos Médiuns,* cap. 23)

O que falta em geral ao obsidiado é força fluídica suficiente. Nesse caso a ação magnética de um bom magnetizador pode dar-lhe uma ajuda eficiente. Além disso, é sempre bom obter, por um médium de confiança, os conselhos de um espírito superior ou do seu anjo da guarda. (*O Livro dos Médiuns,* cap. 23)

Justapondo-se sutilmente *cérebro a cérebro,* mente a mente, *vontade* dominante sobre vontade que se deixa dominar, *órgão* a órgão, através do perispírito pelo qual se identifica com o encarnado, a cada cessão feita pelo *hospedeiro,* mais coercitiva se faz a presença do *hóspede,* que se transforma em parasita insidioso. (Manoel Philomeno de Miranda – *Nos bastidores da obsessão*).

Toda e qualquer obsessão é sempre resultado da anuência consciente ou não de quem a sofre, por debilidade moral do encarnado que não lhe antepõe defesas ou por deficiências de comportamento que propiciam o intercâmbio, em razão da preferência psíquica que apraz ao mesmo manter. (Manoel Philomeno de Miranda – *Painéis da obsessão*).

DESOBSESSÃO – TRATAMENTO

Agir sobre o ser inteligente com o qual se deve falar com autoridade.

Convencer o espírito vingador a renunciar de seus maus intentos, despertando-o para a modificação de hábitos e atitudes.

Tratamento magnético do obsidiado aumentando-lhe a força fluídica

Importantíssimo: Renovação moral do obsidiado.

> Na obsessão, o espírito atua exteriormente, com a ajuda do seu perispírito, que ele identifica com o do encarnado, ficando este enlaçado por uma teia e constrangido a proceder contra a sua vontade. Na possessão, em vez de agir exteriormente, o espírito atuante se substitui, por assim dizer, ao espírito encarnado; toma-lhe o corpo para domicílio, sem que este, no entanto, seja abandonado pelo seu dono, pois que isso só se pode dar pela morte. A possessão, conseguintemente, é sempre temporária e intermitente, porque um espírito desencarnado não pode tomar definitivamente o lugar de um encarnado, pela razão de que a união molecular do perispírito e do corpo só se pode operar no momento da concepção.
> *A Gênese,* item 47

Não confundir TOC com obsessão.

O QUE É TRANSTORNO OBSESSIVO-COMPULSIVO?

O TOC é um transtorno mental incluído pela classificação da Associação Psiquiátrica Americana entre os chamados transtornos de ansiedade nos quais os pensamentos, ideias, imagens, palavras, frases, números ou impulsos invadem a consciência da pessoa de forma repetitiva e persistente. (Lembra-se? Persistente é uma das palavras grifadas no conceito de obsessão).

OBSESSÕES TÍPICAS DO TOC

Além das compulsões como as de lavagem ou limpeza, verificações ou controle, repetições ou confirmações, contagens, ordem, arranjo, simetria, sequência ou alinhamento, acumular, guardar ou colecionar coisas inúteis, existem as compulsões mentais: rezar, repetir palavras, frases e números.

É muito comum pensamentos impróprios envolvendo agressão, sexo, obscenidades ou blasfêmias. Muitos familiares também não compreendem as manifestações do TOC, ainda mais que em muitas situações interferem de forma acentuada nas rotinas da própria família.

TRANSTORNO BIPOLAR (PSICOSE MANÍACO-DEPRESSIVA)

O transtorno bipolar do humor, também conhecido como distúrbio bipolar, é uma doença caracterizada por episódios repetidos, ou alternados, de mania e depressão.

Na fase eufórica o indivíduo pode apresentar sentimentos de grandiosidade, poderes além dos que possui e grande entusiasmo. O indivíduo passa a dormir pouco, torna-se agitado. Pode falar muito, ter muitas ideias ao mesmo tempo.

Há uma alteração na libido e o indivíduo tem um aumento do desejo sexual.

O indivíduo perde a inibição social, podendo passar por situações vexatórias por falta de senso crítico. Nesta fase é comum os indivíduos se endividarem ou perderem muito dinheiro, comprometendo até bens de família. Devido ao grande otimismo, é possível que o indivíduo empreste dinheiro a pessoas a quem mal conhece, e que podem estar aproveitando-se da situação.

São comuns manias como perseguição, ideias paranoides, realização de sonhos (reformas, viagens, compras) que à primeira vista podem até parecer normais.

É comum nesta fase que o paciente tenha alucinações que podem envolver os cinco sentidos e delírios de grandeza. Ex. John Nash: prêmio Nobel de Economia. Ver filme "Uma mente brilhante". Assim como alucinações visuais é comum que ele veja vultos. Nas auditivas escuta vozes, inclusive ordenando que ele se mate. Pela similitude de situações entre esta enfermidade e a obsessão devemos ter o máximo de cuidado para não confundi-las.

SÍNDROME DE TOURETTE

Sintomas os mais variados: lamber paredes, gritar, tiques estranhos, tosse, caretas, se autoagredir, pronunciar palavras estranhas... A criança age como se estivesse possuída.

Testemunho: é como se eu tivesse um homenzinho na mente, que me perturba sem parar até que entro em acordo com ele: "ok, eu faço!" Mas logo em seguida o homenzinho começa a infernizar de novo e tenho que ceder batendo com minha cabeça na parede (testemunho de uma criança com a síndrome).

Não transforme seu amor em obsessão. O amor é liberdade, doação, afeto, afago, cuidado, tudo na medida certa. Ultrapassados certos limites, eis que o que chamavam de amor torna-se obsessão.

12

O PERISPÍRITO

CORPO: INSTRUMENTO DE manifestação do espírito no mundo material.

Perispírito: instrumento de manifestação do espírito no mundo espiritual.

> O perispírito é o intermediário entre o espírito e o corpo; é o órgão de transmissão de todas as sensações. Para aquelas que vêm do exterior, pode-se dizer que o corpo recebe a impressão; o perispírito a transmite e o espírito, o ser sensível e inteligente, a recebe; quando o ato parte da iniciativa do espírito, pode-se dizer que o espírito quer, o perispírito transmite, e o corpo executa. (*Obras Póstumas*, capítulo: Da manifestação dos espíritos, item 10).

SENSAÇÕES E PERCEPÇÕES

A captação de fluidos espirituais pelo médium provoca-lhe sensações, boas ou más, conforme o grau evolutivo do espírito. Atuando os fluidos sobre o perispírito, este reage sobre o organismo material com que se acha em contato molecular. Se os eflúvios são de boa natureza, o corpo ressente uma impressão salutar; se são maus, a impressão é penosa. (*A Gênese:* cap. 14, item18).

PROPRIEDADES DO PERISPÍRITO

Plasticidade: alterações morfológicas que ocorrem em função dos comandos mentais do espírito.

Expansibilidade: expansão e exteriorização do perispírito nos fenômenos de desdobramento e doações fluídicas.

Densidade: ponderabilidade (peso), quanto menos evoluído é o espírito mais grosseiro é o seu perispírito.

Luminosidade: está relacionada à sua frequência vibratória. Tanto a densidade quanto a luminosidade estão vinculadas à evolução do espírito.

Penetrabilidade: capacidade de atravessar barreiras vibracionais, físicas ou não.

Visibilidade: Os desencarnados menos evoluídos percebem o perispírito dos seus pares e dos espíritos que lhe são inferiores.

Tangibilidade: os perispíritos são vistos e tocados quando materializados.

Sensibilidade: propriedade de perceber sensações, sentimentos e emoções. Estas percepções não são captadas por meio de órgãos específicos, mas em todo o corpo perispiritual.

Unicidade: significa dizer que cada pessoa traz no próprio perispírito a soma das suas conquistas evolutivas. Não há, portanto, dois perispíritos iguais.

Mutabilidade: é a propriedade que permite mudanças no perispírito em decorrência do processo evolutivo. A mutabilidade ocorre no que se refere à substância, à forma e à estrutura perispirituais.

Será que os Espíritos ficam feridos em batalhas? Essa pergunta faz sentido, uma vez que se vê em cenas registradas nas reuniões mediúnicas e se lê em romances que os espíritos lutam e essas lutas geram ferimentos em seus corpos. Por outro lado, nas reuniões mediúnicas de desobsessão é comum a presença de índios com flechas, redes, armas pontiagudas e prontas para a guerra. Daí a pergunta feita a André Luiz:

– Em que condições o corpo espiritual de um desencarnado sofrerá compressões, escoriações ou ferimentos?

– Dentro do conceito de relatividade, isso se verifica nas mesmas condições em que o corpo físico é injuriado dessa ou daquela forma na Terra (André Luiz – *Evolução em dois mundos*).

O PERISPÍRITO DE JESUS

Como seria o perispírito de Jesus? Baseado na lei que preceitua que semelhante atrai semelhante o perispírito de Jesus foi revestido pelos fluidos mais puros do planeta.

IDEOPLASTIA: CRIAÇÃO DE FORMAS PELO PENSAMENTO

No livro *A vida além do véu,* do Rev. Vale Owen, ele cita que sua mãe, já desencarnada se reuniu com alguns amigos junto a uma clareira para a formação de um mamute. Após o exercício do qual resultou um animal desengonçado e desproporcional gerando gargalhadas entre eles, todos perceberam a falta de planejamento para tão grandioso ato e o quanto necessitavam aprender para adentrar aquele caminho de elaboração de formas.

Assim também ocorre na "vibração" na reunião mediúnica. Quando ainda adolescente e participante de uma reunião de educação da mediunidade meu professor nos mandava mentalizar a figura de Jesus para mantermos um clima harmonioso durante as comunicações. Ocorre que um pensava em Jesus caminhando sobre as águas, outro em Jesus curando os doentes, outro em Jesus fazendo seu sermão no monte e como resultado final ninguém conseguia pensar de forma semelhante fazendo com que os pensamentos convergissem para um único ponto.

Então Dr. Mário Rocha, um amigo espiritual já desencarnado, nos deu o seguinte conselho: levar uma paisagem, (pôr do sol, cachoeira, rosas...) fixá-la por alguns segundos retendo-a na mente e durante toda a reunião manter o pensamento nela. O resultado deu tão certo que os videntes chegaram a ver um quadro enorme na parede, resultado das nossas mentalizações, todos fixos na mesma figura. Foi a primeira vez que fizemos convergir o pensamento para um único ponto.

Quando estava escrevendo o livro *O perispírito e suas modelações* solicitei a um dos nossos mentores, Kröller, que nos trouxesse alguém entendido em ideoplastia para nos explicar sobre esta matéria. Ele nos trouxe uma senhora chamada Rose, técnica em modelação perispiritual para que nos tirasse as dúvidas que nos atormentavam.

Iniciei perguntando se eu era capaz de, ao mentalizar uma flor, fazer com que ela surgisse sobre a mesa. A senhora respondeu que sim. Mas o adendo que anexou a esta resposta nos deu bastante o que pensar.

Uma pessoa comum olhando aquela forma poderia chamá-la de flor. Mas um técnico, ao notar a falta dos estames, dos estigmas, do estilete, dos ovários, dos carpelos, dos óvulos.... logo chegaria à conclusão de tratar-se de um simulacro de flor, uma imitação, pois para criar uma flor no mundo dos espíritos é preciso ter o conhecimento de um tratado de botânica.

Aliás, para a construção de colônias espirituais, já que devem ser duradouras e estar imunes às agressões do meio, bem como permanecerem acima das vibrações dos circunstantes, o material que as compõem vem de outra dimensão mais elevada, pois utilizando o material do mesmo meio facilmente ele seria desgastado e modificado. Um técnico sob o comando de Miramez nos explicou certa feita como foi construída a colônia "Triunfo" dirigida por ele.

- O irmão falou no início do nosso diálogo uma palavra, triunfo, é o nome com o qual foi batizada a colônia?

- Sim. A colônia que foi construída por Miramez e por outros técnicos enviados de planos sutis sendo entregue a este valoroso espírito a governadoria. É o nosso local de trabalho. O alcance de vocês é ainda insuficiente para que possamos explicar o material do qual ela foi feita. Os engenheiros siderais que vieram construir esta colônia usaram material de outras esferas que garante uma vibração sem variação. A vibração aqui é sempre alta em função do tipo de trabalho realizado, pois ovoides são cuidados e perispíritos completamente avariados são modelados através de recursos complexos, de maneira que a vibração não pode baixar de nenhum modo. Por mais que ela seja atacada nada modifica essa vibração amorosa condicionada pelos espíritos iluminados a serviço do Senhor da vida. Nossa casa, que é a maneira carinhosa como chamamos a colônia, se localiza em zona fronteiriça, entre regiões umbralinas, mas é totalmente protegida. Vibração nenhuma, por mais maligna que seja e que aqui por acaso penetrasse, não causaria nenhum efeito danoso.

Os trabalhos aqui elaborados são de alto nível, ideoplastias, cirurgias, modelações, de modo que os técnicos têm a paz e o ambiente físico e tecnológico adequados a um trabalho especializado.

AS MODELAÇÕES PERISPIRITUAIS

Em se tratando de modelações no perispírito, cada indivíduo se modela com o auxílio dos técnicos que dirigem o trabalho.

André Luiz fica surpreso quando chega em determinado ambiente no astral e vê alguém com um braço ressequido. O instrutor, presto lhe explica:

> Esse irmão, certa feita chegou alcoolizado em casa e o pai, repreendendo-o, foi atacado por ele que lhe desferiu um tapa em seu rosto. O pai lança-lhe uma maldição cujo conteúdo fazia referência a secar-lhe o braço com o qual batera em seu rosto. O infeliz ficou tão perturbado com a praga lançada pelo pai que se evadiu e na rua foi atropelado tendo seu braço quebrado. O braço não mais adquiriu o vigor de antes, secando como uma folha morta. Ao desencarnar, como a ideia cristalizada, coagulada em sua mente permanecia, ele modelou seu perispírito com aquela deformidade. E se um técnico consertasse seu membro sem retirar-lhe a ideia da mente, ele voltaria a remodelar o braço seco.

Entre os suicidas as cristalizações agem semelhantemente. Conversei com um deles que havia se enforcado e ele me confidenciou que mesmo depois de dois anos de tratamento no hospital, o médico lhe dizia: "respire normalmente! A corda já não aperta seu pescoço." Ele passava a mão pelo pescoço e nada detectava, mas quando o médico se afastava ele voltava a sentir a falta do ar em seus pulmões e a corda voltava a apertar sua jugular deixando o pescoço intumescido.

No livro *Memórias de um suicida*, de Camilo Castelo Branco, psicografia de Yvonne Pereira, temos um personagem chamado de Mário Sobral, que após matar sua esposa por sufocação, suicidou-se. Era, portanto, um homicida suicida. Quando foi resgatado e estando em tratamento, costumava dizer a seus amigos de infortúnio: "seria preferível que Deus me fizesse ter nascido sem braços do que ter cometido o crime que me afetou." De tanto repetir essa frase e alimentar com o pensamento essa convicção seus braços foram encurtando e quando encarnou para cumprimento de sua prova, nasceu sem os braços. Castigo divino? Os bons espíritos lhe modelaram um corpo defeituoso? Não! Ele mesmo modelou sua forma imperfeita. Deus não dá prêmios nem castigos. Fez a Lei, e ela se cumpre integralmente.

O perispírito reflete o que a pessoa é. Certa vez André Luiz estava acompanhando espiritualmente uma família quando observou que a dona de casa, jovem e bela fisicamente, ao se deitar em um sofá e adormecer, saiu do corpo físico mostrando o perispírito enrugado, envelhecido e feio com a aparência de uma bruxa. Era o que ela realmente era em espírito, ou seja, sua alma era assim. (*Libertação*, pág. 134, Cap. X)

O espírito não retrograda, mas a forma se degrada

Nos quadros acima vemos representações de verdades espirituais já bastante conhecidas pelos estudiosos nesse tema. À esquerda uma cena do filme Nosso Lar, quando André Luiz é encontrado no umbral sofrendo toda sorte de necessidades, na lama em que se encontrava. Sentia fome, sede, os cabelos e a barba cresciam, era ele mesmo no inferno, pensava. No lado direito vemos uma deformação perispiritual motivada por desregramentos morais e agressões às leis divinas.

Amputações

Licantropia

Nesses quadros vemos uma amputação que pode permanecer após a morte física, caso a vítima não tenha méritos nem conhecimentos para promover sua própria modelação. À direita, o perispírito modelado em forma de lobo, para assustar, impor respeito, pavor a seus adversários. O próprio indivíduo pode fazer isso a si mesmo ou a outro, através de hipnose.

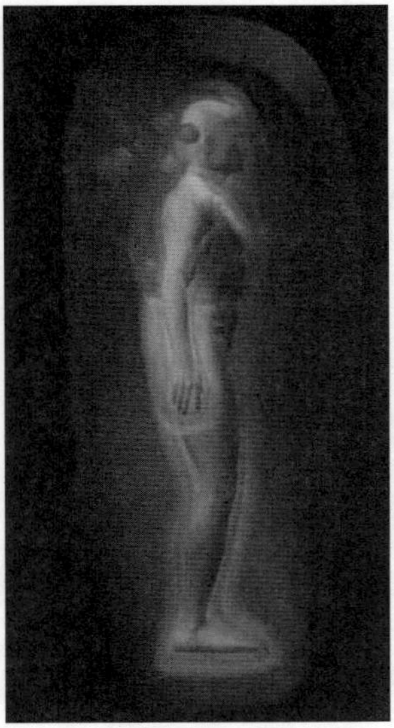

Ovoidização

A ovoidização consiste na perda da consciência ativa, quando o eu consciente desmorona completamente, em decorrência de atrozes e insuportáveis sofrimentos, voltando-se sobre si mesmo, anulando-se e perdendo todo o contato com a realidade. A atividade consciente da alma entra em letargia refugiando-se nas camadas do inconsciente. O pensamento contínuo se fragmenta perdendo seu fio de condução e a estrutura perispiritual se desfigura completamente, desfazendo sua natural conformação humana, adquirindo o formato de um ovo, cujas dimensões se aproximam de um crânio humano infantil (semelhante ao encistamento de bactérias). (*Ícaro Redivivo* – Adamastor, psicografia de Gilson Freire)

CONCLUSÃO

"Nosso corpo espiritual, em qualquer parte, refletirá a luz ou a treva, o céu ou o inferno que trazemos em nós mesmos". (Emmanuel)

13

CORPO FÍSICO E DOENÇAS

A DOENÇA NÃO é uma causa, é uma consequência proveniente das energias negativas que circulam por nossos organismos perispiritual e material. O controle das energias é feito através dos pensamentos e dos sentimentos, portanto, possuímos energias que nos causam doenças porque somos indisciplinados mentalmente e emocionalmente. Em *Nos domínios da mediunidade*, André Luiz explica que:

> assim como o corpo físico pode ingerir alimentos venenosos que lhe intoxicam os tecidos, também o organismo perispiritual absorve elementos que lhe degradam, com reflexos sobre as células materiais.

COMO O CORPO ADOECE

Causas físicas: acidente, excessos físicos, exagero alimentar, desregramentos que fazem um ou mais órgãos não funcionarem como deveriam, criando uma desarmonia orgânica.

Causas espirituais: são aquelas provenientes de nossas vibrações. O acúmulo de energias nocivas em nosso perispírito gera uma intoxicação fluídica. Quando estas energias invadem o organismo físico, criam um campo energético propício para a instalação de doenças que afetam órgãos vitais, como coração, fígado, pulmões, estômago dentre outros.

INTOXICAÇÃO ENERGÉTICA QUE VEM NO PERISPÍRITO

As energias nocivas que provocam as doenças espirituais podem ser oriundas de reencarnações anteriores, que se mantêm no perispírito enfermo enquanto não são drenadas. Em cada reencarnação, já ao nascer ou até mesmo na vida intrauterina, podemos trazer os efeitos das energias nocivas presentes em nosso perispírito, que se agravam à medida que acumulamos mais energia negativa na reencarnação atual. Enquanto persistirem tais energias nocivas no perispírito, a cura não se completará.

André Luiz afirma que:

> se a mente encarnada não conseguiu ainda disciplinar e dominar suas emoções e alimenta paixões

(ódio, inveja, ideias de vingança), ela entrará em sintonia com os irmãos do plano espiritual, que emitirão fluidos maléficos para impregnar o perispírito do encarnado, intoxicando-o com essas emissões mentais podendo levá-lo à doença.

DOENÇA E PENSAMENTO

A cada pensamento, emoção, sensação ou sentimento negativo, o perispírito imediatamente adquire uma forma mais densa e sua cor fica mais escura, por causa da absorção de energias nocivas. Durante os momentos de indisciplina, o homem mobiliza e atrai fluidos primários e grosseiros, os quais se convertem em um resíduo denso e tóxico. Com o passar do tempo, as cargas energéticas nocivas que não forem dissolvidas ou não descerem ao corpo físico formam manchas e placas que aderem à superfície do perispírito, comprometendo seu funcionamento e se agravando quando a carga deletéria acumulada é aumentada com desatinos da existência atual.

A recuperação do espírito enfermo só poderá ser conseguida mediante a eliminação da carga tóxica que está impregnada em seu perispírito. Embora o pecador já arrependido esteja disposto a uma reação construtiva no sentido de se purificar, ele não pode se subtrair dos imperativos da lei de causa e efeito. Uma boa imagem para entendermos essa mecânica de contaminação do perispírito, através do pensamento, é imaginarmos o motor de um avião que recebe gasolina ultra purificada e o motor de um trator que recebe o diesel grosseiro. Lógico que o primeiro permanece sempre limpo e o segundo saturado de graxas pesadas. Assim é nosso perispírito. Quando o pensamento é bom, ele se evola sem deixar nenhuma mancha. Se o pensamento é mau, deixa pesadas graxas contaminando sua tessitura delicada.

ELIMINAÇÃO DAS TOXINAS

Assim, como decorrência de tal determinismo, o corpo físico que veste o espírito agora ou outro, em reencarnação futura, terá de ser justamente o dreno ou a válvula de escape para expurgar os fluidos deletérios que o intoxicam e impedem de firmar sua marcha na estrada da evolução. Durante a purificação perispiritual, as toxinas psíquicas convergem para os tecidos, órgãos ou regiões do corpo, provocando disfunções orgânicas que conhecemos como doença. Quando o espírito não consegue expurgar todo o conteúdo venenoso de seu perispírito durante a existência física, ele desperta no Além sobrecarregado de energia primária, densa e hostil. Em tal caso, devido à "lei dos pesos específicos", ele pode cair nas zonas umbralinas pantanosas, onde é submetido à terapêutica obrigatória de purgação no lodo absorvente. Isso ocorreu com André Luiz, nosso amado instrutor.

Os espíritos socorristas só retiram dos charcos purgatoriais os enfermos que já estão em condições de uma permanência suportável nos postos e colônias de recuperação perispiritual adjacentes à crosta terrestre. Cada um tem certo limite que pode suportar em meio a estes charcos, então eles são resgatados mesmo que ainda não tenham expurgado todas as placas, reencarnando em corpos onde permanecerão expurgando e drenando essas energias através das doenças que se manifestarão no futuro corpo físico (ver *Memórias de um suicida*).

Como diz Emmanuel: "As chagas da alma se manifestam através do envoltório humano e o corpo doente reflete o panorama interior do espírito enfermo".

Diante de um enfermo há de se perguntar se ele já buscou o auxílio de um médico. Medicina acadêmica e medicina espiritual devem seguir unidas no tratamento de qualquer enfermo.

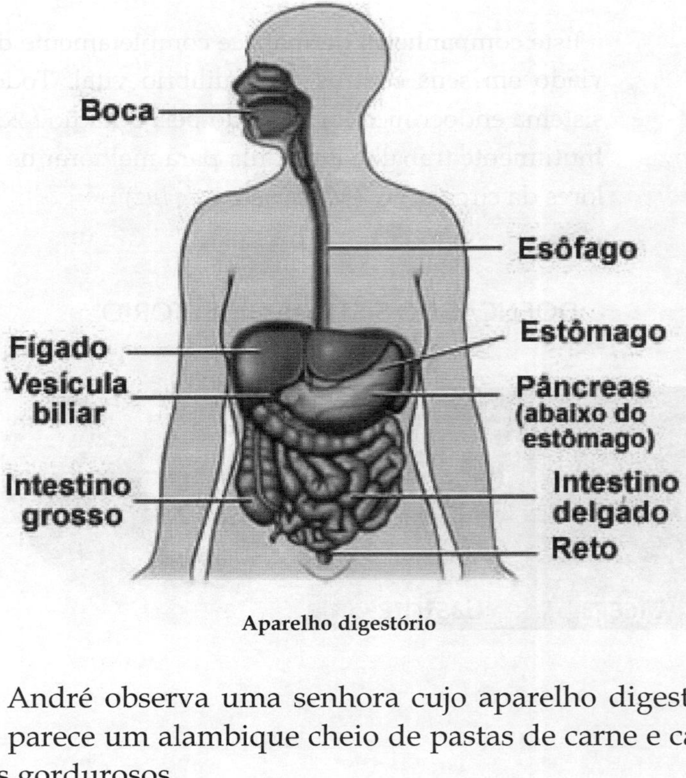

Aparelho digestório

André observa uma senhora cujo aparelho digestório parece um alambique cheio de pastas de carne e caldos gordurosos.

> Temos aqui uma pobre amiga desviada nos excessos de alimentação. Todas as suas glândulas e centros nervosos trabalham para atender as exigências do sistema digestório. Descuidada de si mesma, caiu na glutonaria crassa, tornando-se presa de seres de baixa condição.

Em seguida, André observa o organismo de um senhor cujo aparelho gastrintestinal está totalmente ensopado em aguardente.

> Este companheiro permanece completamente desviado em seus centros de equilíbrio vital. Todo o sistema endocrínico foi atingido pela atuação tóxica. Inutilmente trabalha a medula para melhorar os valores da circulação. (*Missionários da luz*)

DOENÇAS DO SISTEMA DIGESTÓRIO

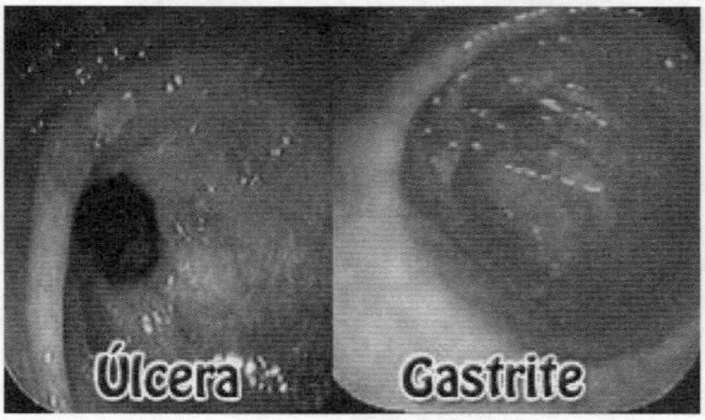

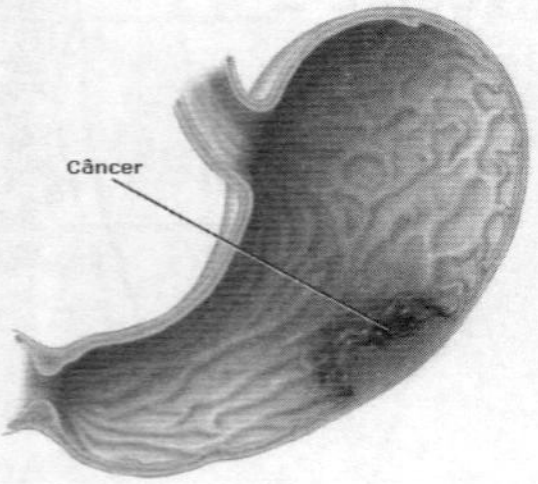

APARELHO RESPIRATÓRIO

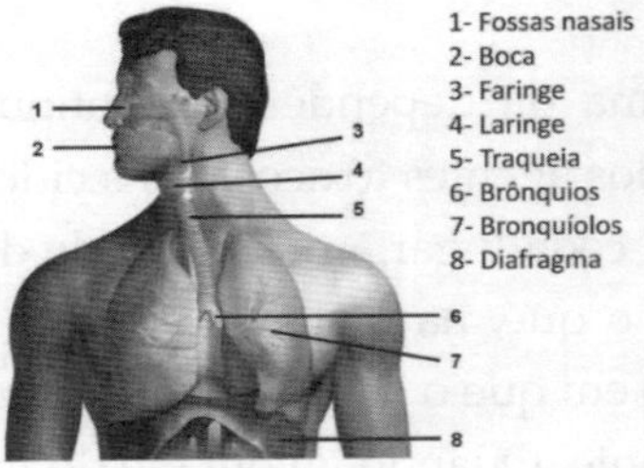

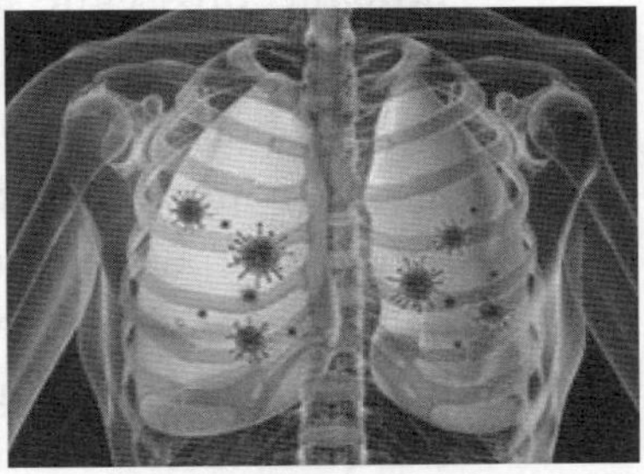

Pulmão atacado pelo bacilo de Koch

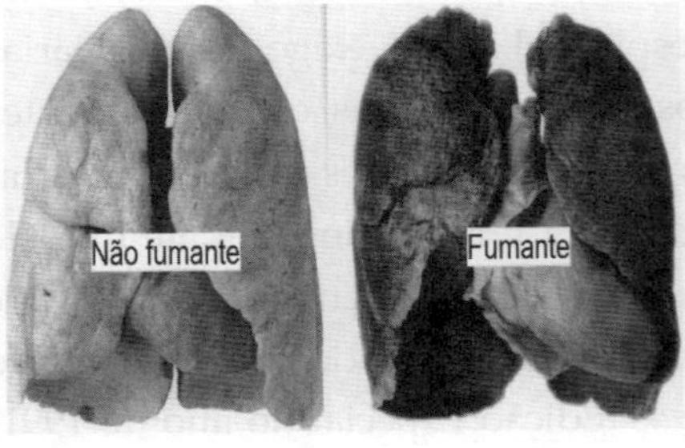

Pulmões afetados pelo fumo

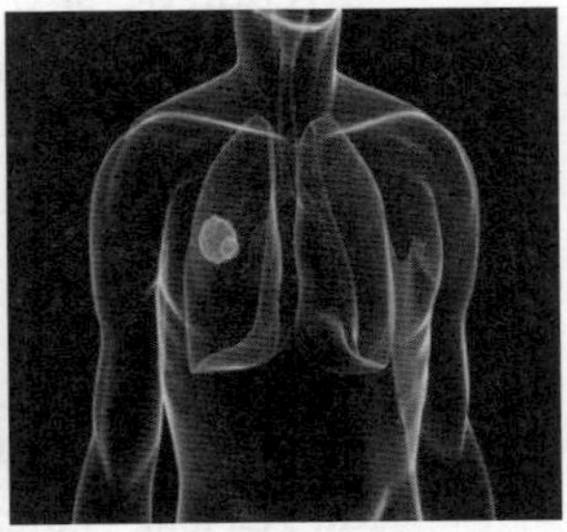

Pulmão afetado pelo câncer

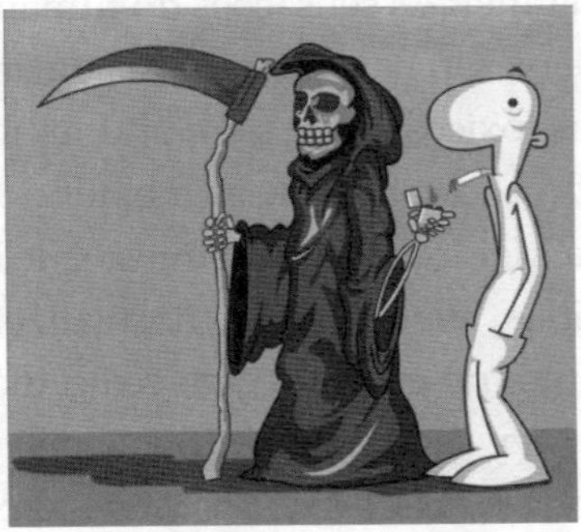

Consequências do tabagismo

A ação negativa do cigarro sobre o perispírito do fumante prossegue após a morte do corpo físico? Até quando?

Emmanuel: O problema da dependência continua até que a impregnação dos agentes tóxicos nos tecidos sutis do corpo espiritual ceda lugar à normalidade do envoltório perispiritual, o que, na maioria das vezes, tem a duração do tempo em que o hábito perdurou na existência física do fumante. Quando a vontade do interessado não está suficientemente desenvolvida para arredar de si o costume inconveniente, o tratamento dele, no mundo espiritual, ainda exige quotas diárias de sucedâneos dos cigarros comuns, com ingredientes análogos aos dos cigarros terrestres, cuja administração ao paciente diminui gradativamente, até que ele consiga viver sem qualquer dependência do fumo. (Trecho de entrevista com Fernando Worm, extraído da *Revista Planeta* — Edição Especial do ano de 1991)

Como descreveria a ação dos componentes do cigarro no perispírito de quem fuma?

Emmanuel: As sensações do fumante inveterado, no mais além, são naturalmente as da angustiosa sede de recursos tóxicos a que se habituou no Plano Físico, de tal modo obcecante que as melhores lições e surpresas da Vida Maior lhe passam quase que inteiramente despercebidas, até que se lhe normalizem as percepções. O assunto, no entanto, com relação à saúde corpórea deveria ser estudado na Terra mais atentamente, já que a resistência orgânica decresce consideravelmente com o hábito de fumar, favorecendo a instalação de moléstias que poderiam ser claramente evitáveis. A necropsia do corpo cadaverizado de um fumante em confronto com o de uma pessoa sem esse hábito estabelece clara diferença (Respostas de Emmanuel, através do Chico Xavier, dadas em entrevista feita pelo jornalista Fernando Worm, em agosto de 1978, inserida no livro *Lições de sabedoria* - Chico Xavier - nos 23 anos da Folha Espírita, escrito por Marlene R. S. Nobre).

APARELHO CIRCULATÓRIO

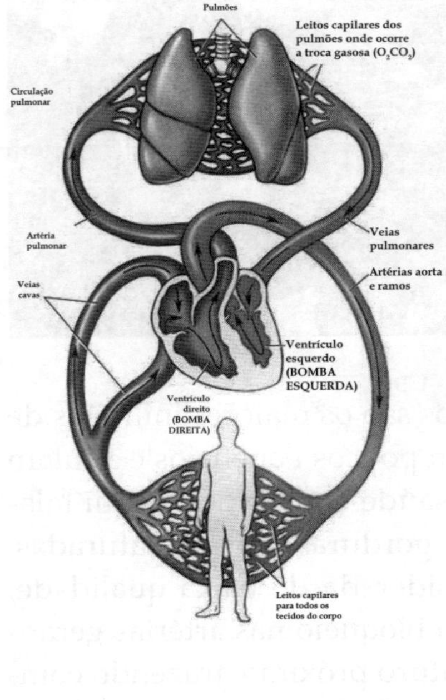

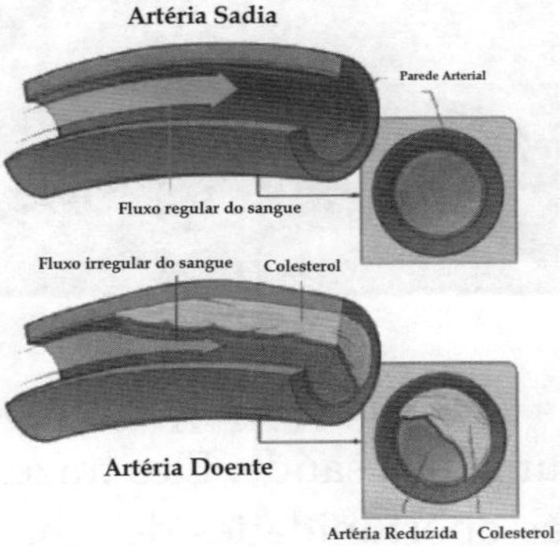

Artérias afetadas pelo colesterol

No estudo desse sistema vejamos o caso de Segismundo, em *Missionários da luz*. Em vida passada, por causa de

Raquel, ele tirou a vida física de Adelino com um tiro, que atingiu a vítima na altura do coração. Na vida atual, Segismundo renasceu como filho de Adelino e Raquel e trouxe, já na formação do seu corpo físico, o problema cardíaco que só se manifestará mais tarde, como doença do tônus elétrico do coração, após os 40 anos de idade.

Os alimentos gordurosos são os maiores inimigos de uma boa saúde. Eles trazem poucos benefícios e anulam as oportunidades de uma saúde equilibrada. Aqui falamos dos alimentos ricos em gorduras trans ou saturadas. Esse tipo de gordura, considerada de baixa qualidade, promove no organismo um bloqueio nas artérias gerando entupimentos em um futuro próximo, trazendo complicações ao sistema vascular. Entre todos os problemas relacionados ao tipo de alimentação gordurosa, mostra-se como um dos principais vilões, a hipertensão que, se não tratada e vigiada pode levar a um enfarte.

APARELHO URINÁRIO: VER LOCALIZAÇÃO DOS ÓRGÃOS E FUNÇÕES ESPECÍFICAS

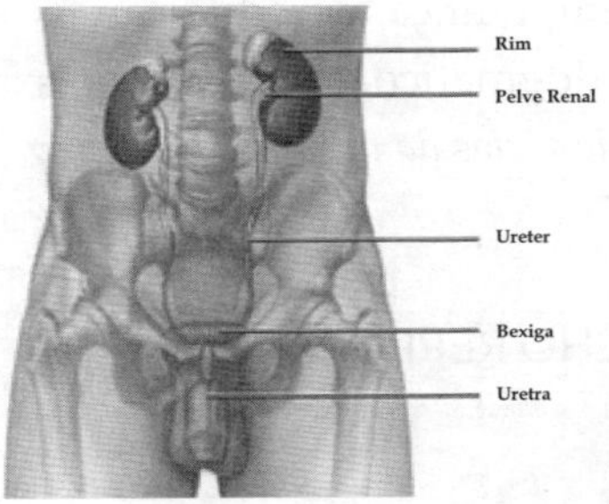

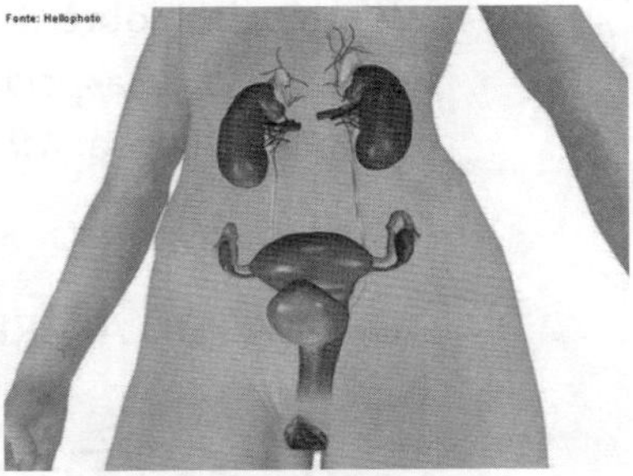

APARELHO REPRODUTOR MASCULINO E FEMININO

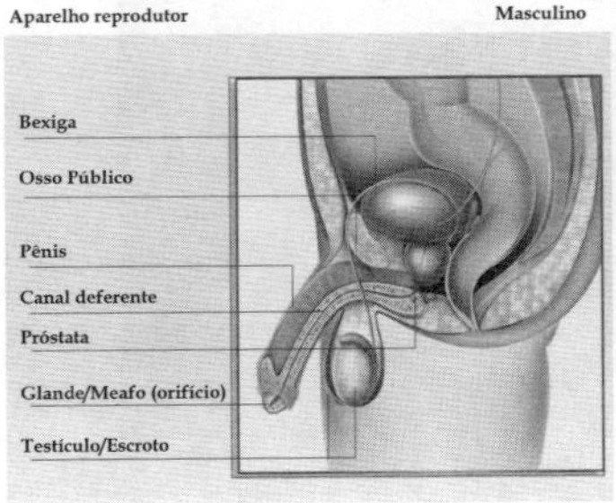

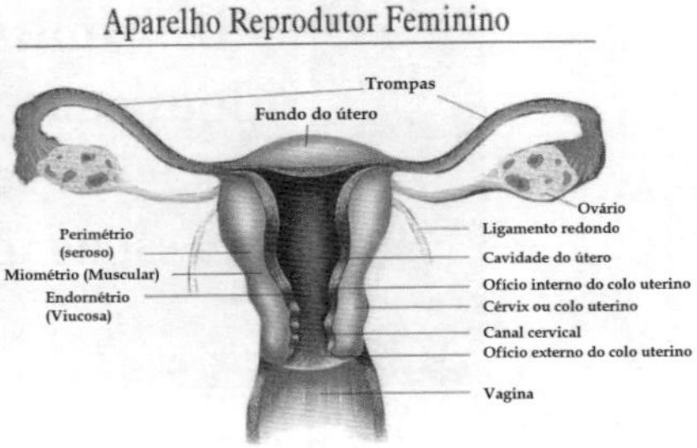

Para que André entenda a razão da pouca evolução no desenvolvimento da mediunidade naquele grupo, Alexandre faz com que ele observe o organismo físico de alguns dos candidatos a médium. O primeiro a ser observado é um rapaz que tem o aparelho genital comprometido pela sede febril dos prazeres inferiores.

O pobrezinho ainda não pode compreender que o corpo físico é apenas leve sombra do corpo perispiritual, não se capacitou de que a prudência, em matéria de sexo, é equilíbrio da vida e, recebendo as nossas advertências sobre a temperança, acredita ouvir remotas lições de aspecto dogmático, exclusivo, no exame da fé religiosa. *Missionários da luz* – André Luiz

DOENÇAS DO APARELHO REPRODUTOR

DST / AIDS
DST: Doenças sexualmente transmissíveis são adquiridas por meio de relações sexuais com pessoas infectadas.

AS DOENÇAS PSIQUIÁTRICAS

TRANSTORNO
BIPOLAR

O transtorno bipolar, ou psicose maníaco-depressiva, como chamam alguns, é responsável por mudanças graves no humor, introduzindo bruscas e prejudiciais mudanças no pensamento e no comportamento de quem lhe sofre a constrição, ocasião em que esta pessoa é enviada para picos de mania, em um extremo e para os pontos baixos de depressão, no outro. Essa mudança pode variar por dias, semanas, meses e se manifestar de maneira tão intensa a ponto de prejudicar a capacidade de trabalho e o relacionamento social de seus portadores.

Durante um episódio de mania, uma pessoa pode deixar o emprego, endividar-se seriamente, sentir-se perseguida, promover ou planejar viagens e fazer planos mirabolantes tidos como normais para ela. O importante é que este tipo de "doença" não seja confundida com uma obsessão, caso alguém que seja dela portadora adentre um centro espírita buscando cura ou aconselhamento. Todavia, é preciso dizer que, se este indivíduo tem inimigos desencarnados, estes, quando mal-intencionados, tentarão aproveitar o momento de fragilidade da vítima atacando-a. Mas mesmo neste caso, a medicina tradicional deve ser aconselhada prioritariamente, sem abdicar do tratamento espiritual.

TRANSTORNO OBSESSIVO COMPULSIVO

NÃO CONFUNDIR TOC COM OBSESSÃO
O QUE É TRANSTORNO OBSESSIVO-COMPULSIVO?

O TOC é um transtorno mental incluído pela classificação da Associação Psiquiátrica Americana entre os chamados transtornos de ansiedade.

TOC: MAIS COMUM DO QUE PENSAMOS

Medos exagerados de se contaminar, lavar as mãos a todo o momento, revisar diversas vezes a porta, o fogão ou o gás ao sair de casa, não usar roupas vermelhas ou pretas, não passar em certos lugares com receio de que algo ruim possa acontecer depois, ficar aflito por que as roupas não estão bem arrumadas no guarda-roupa, ou os objetos não estão exatamente no lugar em que deveriam estar, são alguns exemplos de sintomas característicos de um transtorno: o transtorno obsessivo-compulsivo ou TOC e que são popularmente conhecidos como "manias" (de limpeza, de verificar as portas, de arrumação).

O QUE É O TOC

O TOC é um transtorno mental caracterizado pela presença de obsessões, compulsões ou ambas. As **obsessões** são pensamentos, impulsos ou imagens indesejáveis e involuntários, que invadem a consciência causando acentuada ansiedade ou desconforto e obrigando o indivíduo a executar rituais ou **compulsões** que são atos físicos ou mentais, realizados em resposta às obsessões, com a intenção de afastar ameaças (contaminação, a casa incendiar), prevenir possíveis falhas ou simplesmente aliviar um desconforto físico. No TOC os indivíduos procuram ainda evitar o contado com determinados lugares (por exemplo, banheiros públicos, hospitais, cemitérios), objetos que outras pessoas tocam (dinheiro, telefone público, maçanetas) ou até mesmo pessoas (mendigos, pessoas com algum ferimento) como forma de obter alívio dos seus medos e preocupações. São as **evitações**.

OS SINTOMAS DO TOC

Uma das características intrigantes do TOC é a diversidade dos seus sintomas (medos de contaminação/lavagens, dúvidas excessivas seguidas de verificações, preocupação exagerada com ordem/simetria ou exatidão, pensamentos de conteúdo inaceitável (violência, sexuais, ou blasfemos), compulsão por armazenar objetos sem utilidade e dificuldade em descartá-los - ou colecionismo). Um mesmo indivíduo pode apresentar uma diversidade de sintomas, embora geralmente exista um que predomine.

O DIAGNÓSTICO DO TOC

Para que seja estabelecido o diagnóstico de TOC é necessário que as obsessões ou compulsões consumam um tempo razoável (por exemplo, tomam mais de uma hora por dia) ou causem desconforto clinicamente significativo, ou comprometam a vida social, ocupacional, acadêmica ou outras áreas importantes do funcionamento do indivíduo. Os sintomas obsessivo-compulsivos não podem ser atribuídos ao efeito fisiológico direto de uma substância (por exemplo, abuso de droga ou a uma medicação) ou a outra condição médica como doenças psiquiátricas, que também podem ter entre seus sintomas - obsessões e/ou compulsões (por exemplo: dependência a drogas, comer compulsivo, jogo patológico). As obsessões e compulsões também não podem ser consequência de doenças neurológicas.

EPIDEMIOLOGIA

Considerado raro até há pouco tempo, o TOC é um transtorno mental bastante comum, acometendo aproximadamente um em cada 40 a 60 indivíduos ou ao redor de 2,5% das pessoas ao longo da vida, ou ao redor de 1% em determinado momento. No Brasil, é provável que existam ao redor de 2 milhões de indivíduos com o transtorno. Seu início em geral é na adolescência, mas, não raro, na infância. Os sintomas podem ser de intensidade leve, mas, não raro, são muito graves e até incapacitantes. O TOC tende a ser crônico, com os sintomas crescendo ou diminuindo de intensidade ao longo do tempo. Se não tratado pode acompanhar o indivíduo durante toda a sua vida, pois raramente melhora espontaneamente (fonte: UFRGS).

O QUE É A SÍNDROME DE TOURETTE?

É uma síndrome em que aparecem tanto tiques motores como vocais, não necessariamente ao mesmo tempo. Os tiques geralmente aparecem por volta dos sete anos, variando dos 2 aos 15 anos. Em geral, apresentam-se na forma de tiques motores simples, como piscadelas dos olhos. O início das vocalizações ocorre posteriormente ao dos tiques motores, na idade média de 11 anos, frequentemente na forma de pigarro, fungadelas, tosse, exclamações coloquiais entre outras. Em alguns casos os tiques vocais são os primeiros sintomas a surgir.

A coprolalia, emissão involuntária de palavras obscenas (palavrões) é encontrada em menos de um terço dos casos. Talvez haja alguma influência cultural, já que é encontrada seis vezes mais na Dinamarca do que no Japão. A copropraxia (gestos obscenos involuntários) é encontrada entre 1 e 21% dos casos. A ecolalia (repetir palavras ouvidas) e ecopraxia (repetir gestos vistos) e a palilalia (repetir as próprias palavras) são encontradas em menos da metade dos casos. Estima-se que um terço dos pacientes apresente remissão completa ao final da adolescência, outro apresente melhora dos tiques e o restante continue sintomático durante a vida adulta. Remissões espontâneas foram relatadas em 3 a 5% dos casos.

A intensidade dos tiques é variável, desde quase imperceptíveis, como um leve levantar de ombros, até tiques aparatosos como saltos ou fortes latidos. Às vezes são "camuflados" em atitudes corriqueiras como, por exemplo, afastar o cabelo do rosto, ajeitar a roupa e são reconhecidos pelo seu caráter repetitivo. Após a instalação do quadro, os sintomas passam a apresentar flutuação na intensidade, principalmente na adolescência.

Uma série de comportamentos se associa a ST, como o hiperativo, o automutilatório, distúrbios de conduta e de aprendizado, além dos sintomas obsessivo compulsivos (SOC). Alguns autores observaram que mais de 40% dos pacientes com a ST apresentavam TOC. Aproximadamente 90% dos portadores da ST têm sintomas obsessivos (fonte: ASTOC, Associação Brasileira de Síndrome de Tourette, Tiques e Transtorno Obsessivo Compulsivo).

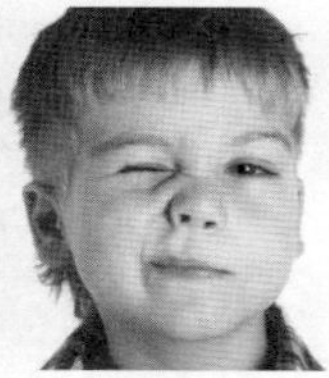

Para todos esses problemas, e outros mais, podemos afirmar que o passe será sempre benéfico, sem contraindicações ou efeito colateral.

É variável segundo o mérito de cada um.

Raramente proporcionará cura instantânea.

Algumas pessoas não melhoram com sua aplicação.

"Ouvi e entendei: Não é o que entra pela boca o que contamina o homem, mas o que sai da boca; é isso o que o contamina". (Jesus).

14

PLEXOS E CENTROS DE FORÇA

CENTROS DE FORÇA E PRÁTICA ESPÍRITA

No movimento espírita, muitas pessoas ainda estranham a palavra chacra contabilizando-a à conta, não do espiritismo, mas do esoterismo. É que Kardec não abordou diretamente o assunto. Vejamos a evolução do pensamento espírita sobre os chacras. As primeiras referências do plano espiritual sobre eles estão nas obras de André Luiz, sob o nome de centros de força e se encontram nos livros: *Evolução em dois mundos, Mecanismos da mediunidade, Missionários da luz, Obreiros da vida eterna* e *Sexo e destino*.

Na obra *Entre a Terra e o Céu*, nos capítulos 20 e 21 há várias referências sobre os centros de força. Nela o mentor Clarêncio dá uma aula sobre este tema:

> temos, assim, por expressão máxima do veículo que nos serve presentemente, o centro coronário que, na Terra, é considerado pela filosofia hindu como sendo o lótus de mil pétalas, por ser o mais significativo em razão do seu alto potencial de radiações, de vez que nele assenta a ligação com a mente, fulgurante sede da consciência. Esse recebe em primeiro lugar os estímulos do espírito, comandando os demais, vibrando todavia, com eles em justo regime de interdependência...

Nos anos 80 Joanna de Ângelis escreve *Estudos espíritas* trazendo a seguinte citação:

> Desde épocas imemoriais, a filosofia hindu, estudando as suas manifestações no ser reencarnado, relacionou-o com os chacras ou centros vitais que se encontram em perfeito comando dos órgãos fundamentais da vida...
>
> Chacra – Palavra sânscrita que significa roda. Conhecida em Páli, como chakra. Nota da autora espiritual.

Manoel Philomeno de Miranda, *Nos bastidores da obsessão* narra:

> Ativados os chacras, através dos passes habilmente aplicados, a paciente desdobrada parcialmente pelo sono físico...

Portanto, os chacras fazem parte do perispírito e estão inseridos no funcionamento das Leis Divinas ou

Naturais. O espiritismo é esse elemento revelador das leis universais.

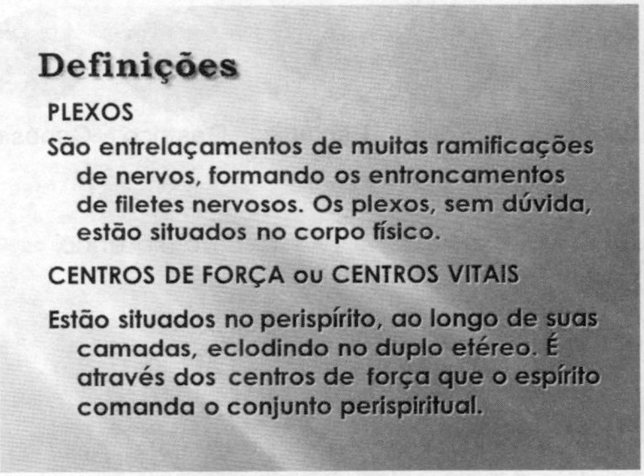
Definições
PLEXOS
São entrelaçamentos de muitas ramificações de nervos, formando os entroncamentos de filetes nervosos. Os plexos, sem dúvida, estão situados no corpo físico.
CENTROS DE FORÇA ou CENTROS VITAIS
Estão situados no perispírito, ao longo de suas camadas, eclodindo no duplo etéreo. É através dos centros de força que o espírito comanda o conjunto perispiritual.

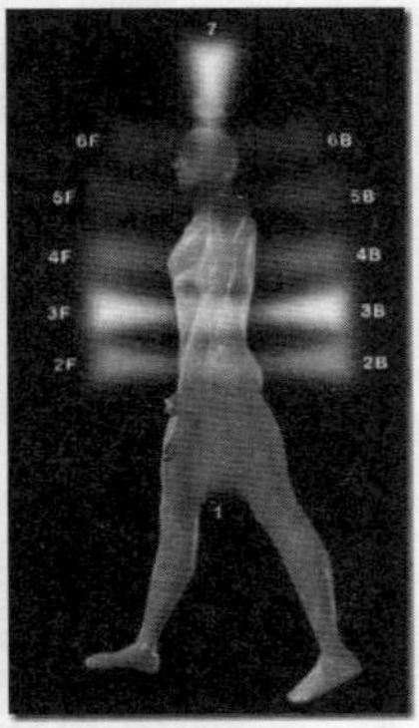

Funções dos centros de força: equilibrar e distribuir energias pelo corpo.

Cada centro de força recebe e emite energia. Por isso é importante normalizar o fluxo dessa energia que pode estar congestionado, acelerado ou lento. É fundamental que a energia flua sem bloqueios ou inibições. O passe pode restabelecer a normalidade do fluxo energético.

Os plexos são interconexões de nervos, vasos sanguíneos ou linfáticos. Correspondem aos chacras, que se localizam no perispírito e no duplo etérico.

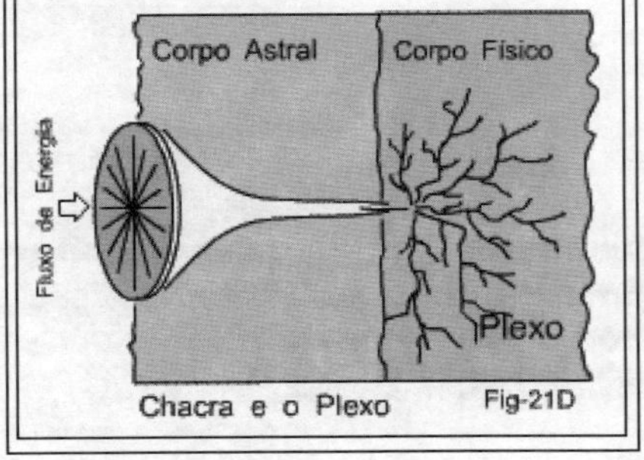

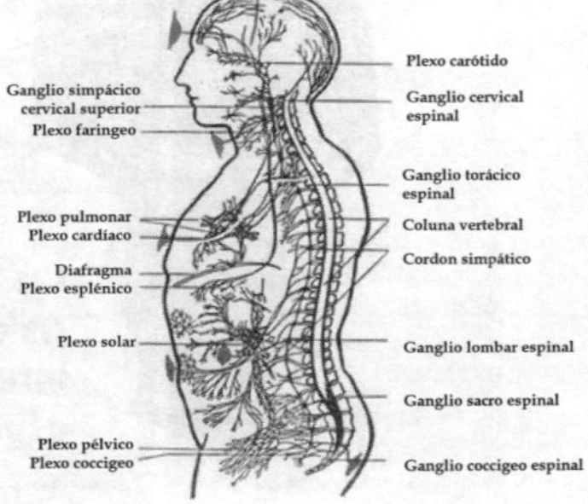

Centros vitais – Localizações e representações

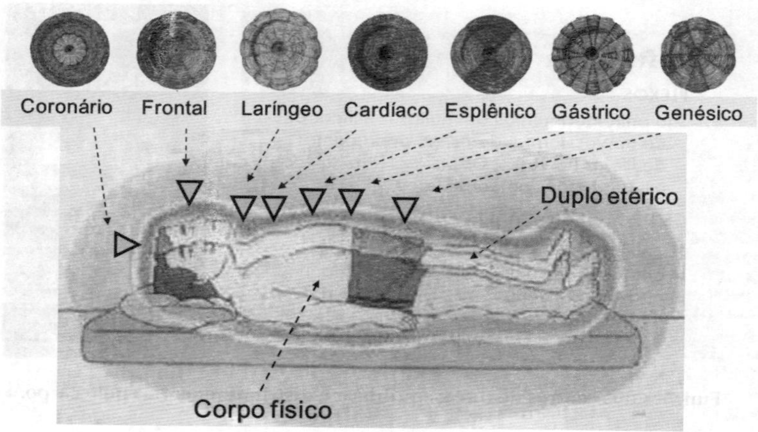

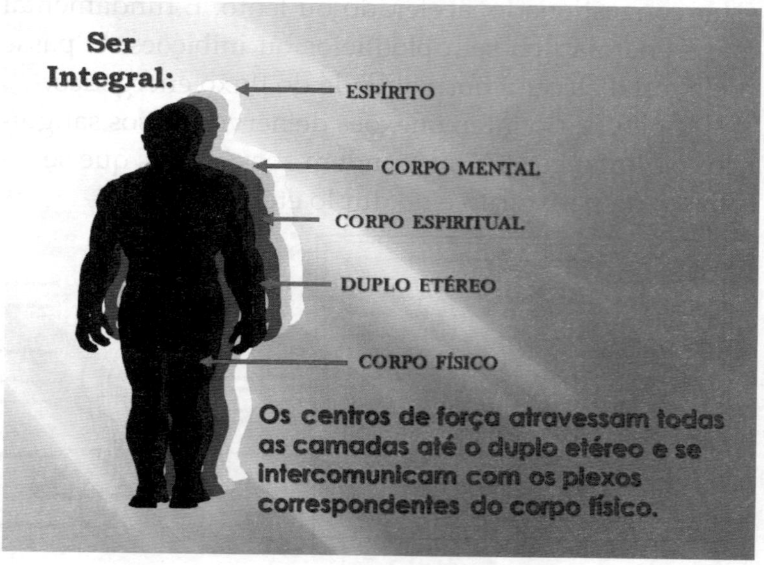

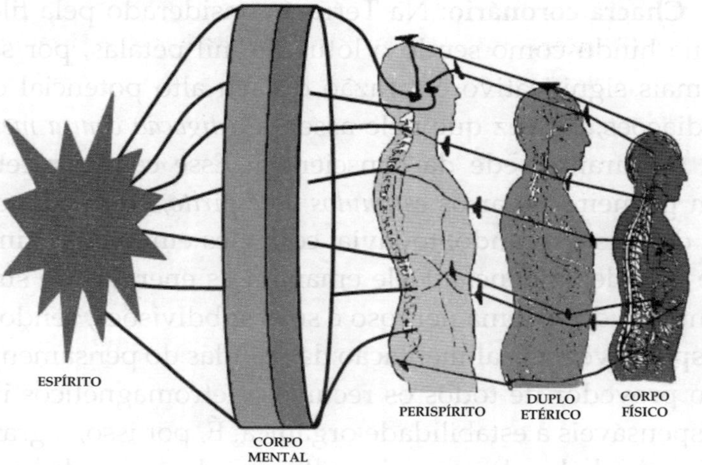

Nós possuímos centros de força no perispírito e no duplo etérico.

No corpo físico temos plexos nervosos.

Os centros de força (chacras) do duplo etérico e os do perispírito, estão intimamente ligados uns aos outros em contato energético, atuando diretamente sobre os plexos nervosos do corpo físico.

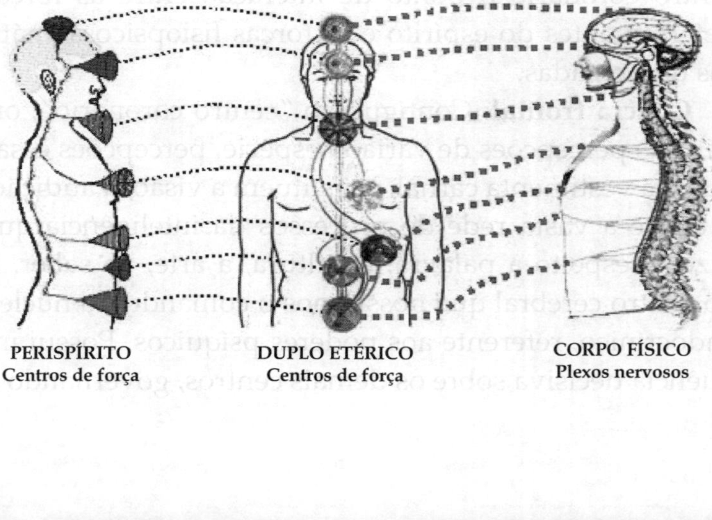

Chacra coronário: Na Terra é considerado pela filosofia hindu como sendo o lótus de mil pétalas, por ser o mais significativo em razão do seu alto potencial de radiações, de vez que nele assenta a *ligação com a mente*, fulgurante sede da consciência. Esse centro recebe em primeiro lugar os *estímulos do espírito*, comandando os demais, vibrando, todavia, com eles em justo regime de interdependência. Dele emanam as energias de sustentação do sistema nervoso e suas subdivisões, sendo o responsável pela alimentação das células do pensamento e o provedor de todos os recursos eletromagnéticos indispensáveis à estabilidade orgânica. É, por isso, o grande assimilador das energias solares e dos raios da espiritualidade superior, capazes de favorecer a sublimação da alma.

O centro coronário, instalado na região central do cérebro, sede da mente, assimila os estímulos do plano superior e orienta a forma, o movimento, a estabilidade, o metabolismo orgânico e a vida consciencial da alma encarnada ou desencarnada. Temos particularmente no centro coronário o ponto de interação entre as forças determinantes do espírito e as forças fisiopsicossomáticas organizadas.

Chacra frontal: Contíguo ao "centro coronário", ordena as percepções de variada espécie, percepções essas que, na vestimenta carnal, constituem a visão, a audição, o tato e a vasta rede de processos da inteligência que dizem respeito à palavra, à cultura, à arte, ao saber. É no centro cerebral que possuímos o comando do núcleo endocrínico, referente aos poderes psíquicos. Possui influência decisiva sobre os demais centros, governando o córtice encefálico na sustentação dos sentidos, marcando a atividade das glândulas endocrínicas e administrando o sistema nervoso, em toda a sua organização, coordenação, atividade e mecanismo, desde os neurônios sensitivos até as células efetoras.

Chacra laríngeo: Preside os fenômenos vocais, inclusive as atividades do timo, da tireoide e das paratireoides, controlando notadamente a respiração e a fonação.

Chacra cardíaco: Sustenta os serviços da emoção e do equilíbrio geral. Dirige a emotividade e a circulação das forças de base.

Chacra esplênico: No corpo denso está sediado no baço, regulando a distribuição e a circulação adequada dos recursos vitais em todos os escaninhos do veículo de que nos servimos, determinando todas as atividades em que se exprime o sistema hemático, dentro das variações de meio e volume sanguíneo.

Chacra gástrico: Responsabiliza-se pela penetração de alimentos e fluidos no corpo, responsabilizando-se pela digestão e absorção dos alimentos densos ou menos densos que, de qualquer modo, representam concentrados fluídicos penetrando-nos a organização.

Chacra básico ou genésico: Nele localiza-se o santuário do sexo, como templo modelador de formas e estímulos, guiando a modelagem de novas formas entre os homens ou o estabelecimento de estímulos criadores, com vistas ao trabalho, à associação e à realização entre as almas.

Textos adaptados de trechos dos livros:

- *Entre a Terra e o Céu* (André Luiz/Chico Xavier) – Cap. 20 (Conflitos da alma)

- *Evolução em dois mundos* (André Luiz/Chico Xavier/Waldo Vieira) – Primeira Parte/Item 2 (Corpo espiritual)

Despertar e fazer funcionar os chacras de forma consciente nos possibilitam a utilização de nossas infinitas potencialidades que se encontram adormecidas em nós próprios e que nos tornam um deus em grau menor, imagem e semelhança d'Aquele que nos criou.

15

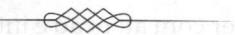

DOUTRINAÇÃO – CONSELHOS E ADVERTÊNCIAS

SEGUNDO OBSERVA ANDRÉ Luiz em sua obra *Desobsessão* a pessoa envolvida na doutrinação não pode esquecer que a espiritualidade superior confia nela e dela aguarda o cultivo de determinados atributos como os que se seguem:

a. direção e discernimento;
b. bondade e energia;
c. autoridade fundamentada no exemplo;
d. hábito de estudo e oração;
e. afeição sem privilégios;
f. brandura e firmeza;
g. sinceridade e entendimento;
h. conversação construtiva.

Há, entretanto, determinadas regras que não podem deixar de ser aplicadas nessa tarefa (*Desobsessão* – André Luiz):

a. receber com atenção e interesse as comunicações;

b. ouvi-las com paciência e imbuído da melhor intenção de ajudar;

c. envolver o comunicante em um clima de vibrações fraternais, dando oportunidade para que ele fale;

d. estabelecer em tempo oportuno um diálogo amigo e esclarecedor;

e. evitar acusações e desafios desnecessários;

f. confortar e amparar através do esclarecimento;

g. não discutir com exaltação tentando impor seu ponto de vista;

h. não receber a todos como se fossem embusteiros e agentes do mal;

i. ser preciso e enérgico na hora necessária, sem ser cruel e agressivo;

j. evitar o tom de discurso e também as longas preleções;

l. ser claro, objetivo, honesto, amigo, fraterno, buscando dar ao comunicante aquilo que gostaria de receber se no lugar dele estivesse.

André Luiz adverte ainda, na mesma obra, que o serviço de doutrinação deve ser entregue à equipe de médiuns esclarecedores, a quem ele sugere a observância da seguinte postura para o bom cumprimento de sua tarefa:

a. Guardar atenção no campo intuitivo, a fim de registrar com segurança as sugestões e os pensamentos dos benfeitores espirituais que comandam as reuniões.

b. Evitar tocar no corpo do médium em transe e somente o fazer quando necessário.

A intuição é o que prevalece. Não tem caminhos lógicos para a descoberta das leis fundamentais. O único caminho é o da intuição, que está reforçado pelo sentimento de que por trás das aparências, existe uma ordem (Albert Einstein).

c. Cultivar o tato psicológico, evitando atitudes ou palavras violentas, mas fugindo da doçura sistemática que anestesia a mente sem renová-la, na convicção de que é preciso aliar raciocínio e sentimento, compaixão e lógica, a fim de que a aplicação do socorro verbalista alcance o máximo rendimento.

d. Estudar os casos de obsessão surgidos na equipe mediúnica, que devam ser tratados na órbita da psiquiatria, para que a assistência médica seja tomada na medida aconselhável.

e. Impedir a presença de crianças nas tarefas da desobsessão.

HÁBITOS INCONVENIENTES QUE DEVEMOS EVITAR (*DESOBSESSÃO* – ANDRÉ LUIZ)

a. exigir o nome do espírito comunicante;

b. crer cegamente no que diz o espírito;

c. o misticismo exagerado;

d. a verborragia e o falatório inútil, que são próprios de espíritos mistificadores e irresponsáveis;

e. a agitação por parte dos médiuns que batem mãos e pés, bufam, gemem, gritam, contorcem-se durante a sessão;

f. as preces lidas;

g. estabelecer ordem para os médiuns darem passividade;

h. conferir hegemonia a determinado médium;

i. abertura e fechamento da sessão pelos guias;

j. o uso de roupas e vestimentas especiais.

André Luiz recomenda, ainda, a dirigentes e esclarecedores e a todos os que participam das reuniões mediúnicas, que tenham sempre em mente os seguintes princípios:

> Desobsessão não se realiza sem a luz do raciocínio, mas não atinge os fins a que se propõe, sem as fontes profundas do sentimento.
>
> A parte essencial ao entendimento é atingir o centro de interesse do espírito preso a ideias fixas, para que se lhes descongestione o campo mental, sendo de todo impróprio, por causa disso, qualquer discurso ou divagação desnecessária.
>
> Os manifestantes desencarnados, sejam quais forem suas condutas na reunião, são, na realidade, espíritos carecedores de compreensão e tratamento adequados, a exigir paciência, entendimento, socorro e devotamento fraternais.
>
> Os problemas de animismo ou de mistificação inconsciente que porventura surjam no grupo

devem ser analisados sem espírito de censura ou de escândalo, cabendo ao dirigente fazer todo o possível para esclarecer com paciência e caridade os médiuns e os desencarnados envolvidos nesses processos.

Quando necessário, o esclarecedor poderá praticar a hipnose construtiva junto aos espíritos sofredores, quer usando a sonoterapia para entregá-los à direção e ao tratamento dos instrutores espirituais presentes, com a projeção de quadros mentais proveitosos ao esclarecimento, quer sugerindo a produção e administração de medicamentos ou recursos de contenção em favor dos manifestantes que se mostrem menos acessíveis à enfermagem do grupo.

Não se deve constranger os médiuns psicofônicos a receberem os desencarnados presentes, atentos ao preceito da espontaneidade, fator essencial ao êxito do intercâmbio.

O esclarecimento não deve se alongar em demasia, perdurando a palestra educativa em torno de dez minutos, ressalvadas as situações excepcionais.

Se o manifestante perturbado se fixar no braseiro da revolta ou na sombra da queixa, indiferente ou recalcitrante, o esclarecedor deve solicitar a cooperação dos benfeitores espirituais presentes para que o necessitado rebelde seja confiado à assistência espiritual especializada.

André Luiz arremata:

A missão do doutrinador é muitíssimo grave para qualquer homem. Não é sem razão que se atribui a Nosso Senhor Jesus o título de Mestre. Somente aqui, vim ponderar bastante esta profunda verdade. Meditei muitíssimo, refleti intensamente e concluí que, para atingirmos uma ressurreição gloriosa, não há, por enquanto, outro caminho além daquele palmilhado pelo Doutrinador Divino.

CRITÉRIO DE LEGITIMIDADE (ESCOLHA DE MENSAGENS)

A distinção entre espíritos bons e impuros é extremamente fácil: A linguagem dos espíritos superiores é constantemente digna, nobre, impregnada da mais alta moralidade, imune de qualquer paixão inferior; seus conselhos transpiram a mais pura sabedoria e têm sempre por escopo nossa melhoria e o bem da Humanidade. A linguagem dos espíritos inferiores, ao contrário, é inconsequente, quase sempre trivial e até grosseira; se dizem por vezes coisas boas e verdadeiras, dizem-nas mais frequentemente falsas e absurdas por malícia ou por ignorância (Allan Kardec).

Na prática, a diferença entre mensagens autênticas e de caráter duvidoso não é tão fácil de ser feita. Vejamos determinadas situações:

OS ATORES (TEXTOS PREPARADOS)

Certa feita em obediência a um conselho de Kardec que incentivava ao doutrinador solicitar do comunicante uma prece, pois isso geralmente inibe ou frustra sua intenção de mistificar, fiz como lembrado, mas qual não foi a minha admiração quando o vi fazer uma prece digna de um mentor. Já ia me dar por satisfeito quando a vidente que me auxiliava disse: "ele leu a mensagem escrita em um papel." Esse comunicante astuto, conhecendo a codificação, pois eles a estudam com intenções de mistificar, agiu conforme seus escritos, saindo frustrado apenas por não ter enganado a médium. Fiquemos atentos aos atores e suas artimanhas.

Digamos que nossa querida atriz Dercy Gonçalves, já desencarnada, viesse a uma reunião mediúnica e com seu estilo "escandalizante", embora admita que era apenas bem-humorado, desse uma comunicação com suas costumeiras palavras e hábitos. O doutrinador julgaria de imediato tratar-se de um espírito inferior, de linguagem chula, que ali estava justamente para atrapalhar o trabalho do bem. Na verdade Dercy era uma boa pessoa, tinha apenas o hábito de ser sincera e de chocar alguns falsos puritanos, pois puros dificilmente são encontrados neste planeta, com suas críticas mordazes e suas palavras populares. Seu espírito não é inferior, mas gozador, sintonizado com as emoções do povo, sincera em suas atitudes. Realmente não seria fácil categorizá-la à conta de um espírito bondoso, devido a sua linguagem inconsequente, trivial ou grosseira para o ambiente de um centro espírita.

Moisés sem se identificar: Digamos que determinado espírito viesse a uma reunião mediúnica e dissesse ser um líder que mandou matar dezenas de pessoas, fazer sacrifícios, dentre outras atitudes tidas como rigorosas demais para o conceito de caridade segundo o espiritismo. Certamente o doutrinador tentaria fazer-lhe entender seu erro, incentivá-lo à prática da justiça e da caridade. Mas ele foi líder da nação judaica e segundo o contexto no qual viveu não poderia ter agido de forma diferente. Mandou matar pessoas! Mas como proceder? Ele passou 40 anos vagando pelo deserto esperando que a população viciada morresse para que uma nova, preparada por ele herdasse a terra prometida. Não havia cadeias, então aquele que cometesse um crime grave era morto.

Digamos que um comunicante de origem extraterrestre viesse a uma reunião mediúnica e dissesse ter aqui chegado por uma fresta do tempo, um buraco de minhoca, um portal, enfim. Como agiria o doutrinador? Se bem preparado cientificamente talvez admitisse com reservas a veracidade do fato, mas sem essa abertura para o novo, o comunicante seria, de imediato, taxado de mistificador. No entanto isso acontece. Espíritos de outros planetas e galáxias estão agindo na Terra para auxiliar seus habitantes nesse grave e belo período de transição planetária. E o mais importante: também se comunicam nos centros espíritas.

A DIVERSIFICAÇÃO CULTURAL (KOANS)

Um koan japonês, chinês, coreano, vietnamita é uma narrativa, diálogo, questão ou afirmação no zen-budismo que contém aspectos que são um enigma para a razão. O koan tem como objetivo propiciar a iluminação do aspirante a zen-budista. Um koan famoso é: "Batendo duas mãos uma na outra temos um som; qual é o som de uma mão?" Ora se um comunicante citasse um koan e pedisse ao doutrinador para tentar decifrá-lo como seria recebido? O desconhecimento da cultura do comunicante não poderia levar o doutrinador ao preconceito?

DEPOIMENTO DA MÉDIUM YVONNE A. PEREIRA:

> No ano de 1915, no correr de memorável sessão a que assistiram nossos pais, em seu próprio domicílio, na cidade de São João Del-Rei, em Minas Gerais e na qual servia o médium Silvestre Lobato, já falecido – o melhor médium de incorporação por nós conhecido até hoje – o espírito dr. Bezerra de Menezes anunciou o advento do rádio e da televisão, asseverando que este último invento (ou descoberta) facultaria ao homem, mais tarde, captar panoramas e detalhes da própria vida no mundo invisível, antecipando, assim, que a ciência, mais do que a própria religião, levaria os espíritos muito positivos a admitir o mundo dos espíritos, encaminhando-os para Deus. A revelação foi rejeitada pelos componentes da mesa. O médium viu-se acoimado de invigilante, convidado a orar e a vigiar e o espírito comunicante "doutrinado" como mistificador e perturbador da ordem e do bom-senso. No entanto, parte da profecia já foi cumprida. E não será difícil que a segunda parte seja também, quando o homem se

> tornar merecedor da graça de entrever o além-túmulo através do seu aparelho televisor. (*Devassando o invisível* – Federação Espírita Brasileira – FEB)

Este simples fato narrado por Yvonne Pereira mostra como o desconhecimento, a inadequação cultural, o fato inusitado, dentre outras inúmeras variáveis podem levar o doutrinador a rejeitar a comunicação e, por conseguinte, o comunicante.

> Desde que certos espíritos podem enganar pela linguagem, podem tomar também uma falsa aparência para os médiuns videntes? (*O Livro dos Médiuns,* cap. 24)
>
> – Isso acontece, mas é mais difícil. Em todos os casos isso somente se dá com uma finalidade que os próprios espíritos maus desconhecem, pois servem de instrumentos para uma lição. O médium vidente pode ver os espíritos levianos e mentirosos como os outros médiuns podem ouvi-los ou escrever sob sua influência. Os espíritos levianos podem aproveitar-se da faculdade do médium para o enganar com uma falsa aparência. Isso depende das qualidades do próprio espírito do médium. Mesmo entre os encarnados pessoas imitam outras.
>
> Os espíritos inferiores não podem imitar o pensamento? (*O Livro dos Médiuns,* cap. 24)
>
> – Imitam o pensamento como os cenários do teatro imitam a Natureza.
>
> Por que Deus permite que os espíritos maus se comuniquem e digam coisas más? (*O Livro dos Médiuns,* cap. 24)

– Mesmo o que há de pior traz um ensinamento. Cabe a vós saber tirá-lo. É necessário que haja comunicações de toda espécie para vos ensinar a distinguir os espíritos bons dos maus e para que vos sirvam de espelho.

Há fórmulas eficazes para expulsar espíritos mentirosos? (*O Livro dos Médiuns,* cap. 24)

– Fórmula é matéria. Vale mais um bom pensamento dirigido a Deus.

Há médiuns de maior ou menor impressionabilidade e por isso não se pode considerar a agitação como regra absoluta. Nisto, como em tudo, devemos levar em conta as circunstâncias. A natureza penosa e desagradável da sensação é produzida pelo contraste, pois se o espírito do médium simpatizar com o espírito mau que se manifesta será pouco ou nada afetado por este. Além disso, é necessário não confundir a rapidez da escrita, produzida pela extrema flexibilidade de certos médiuns, com a agitação convulsiva que os médiuns mais lentos podem sofrer ao contato dos espíritos imperfeitos. (Comentário de Kardec)

Por que Deus permite que as pessoas sinceras, que aceitam de boa-fé o espiritismo, sejam mistificadas? Isso não poderia acarretar o inconveniente de lhes abalar a crença? (*O Livro dos Médiuns,* cap. 27)

– Se isso lhes abalasse a crença, seria por não terem a fé bastante sólida. As pessoas que abandonassem o espiritismo por um simples desapontamento provariam não o haver compreendido, não se terem apegado ao seu aspecto sério. Deus permite as misti-

> ficações para provar a perseverança dos verdadeiros adeptos e punir os que fazem do espiritismo um simples meio de divertimento.
>
> Por quais sinais podemos reconhecer a superioridade ou a inferioridade dos espíritos?
>
> – Pela sua linguagem, como distingues um estouvado de um homem sensato. Já dissemos que os Espíritos superiores nunca se contradizem e só tratam de boas coisas. Só querem o bem. Essa é a sua preocupação. (*O Livro dos Médiuns,* cap. 24).

Assim como uma árvore boa não dá maus frutos a comunicação de um bom espírito não deixa má impressão em um médium. Esta é a melhor maneira de identificá-los.

CONSELHO DADO POR SÃO LUÍS

> Por mais legítima confiança que vos inspirem os espíritos dirigentes de vossos trabalhos, há uma recomendação que nunca seria demais repetir e que deveis ter sempre em mente aos vos entregar aos estudos: a de pensar e analisar, submetendo ao mais rigoroso controle da razão todas as comunicações que receberdes; a de não negligenciar, desde que algo vos pareça suspeito, duvidoso ou obscuro, de pedir as explicações necessárias para formar a vossa opinião. (*O Livro dos Médiuns,* cap. 24)

Não há outro critério para se discernir o valor dos espíritos senão o bom-senso. Qualquer fórmula dada pelos próprios espíritos, com esse fim, é absurda e não pode provir de espíritos superiores.

Perguntas que se podem fazer aos espíritos

> Algumas pessoas pensam que é preferível não fazer perguntas, convindo esperar o ensinamento dos espíritos, sem o provocar. Isso é um erro. Não há dúvida que os espíritos dão instruções espontâneas de elevado alcance que não podemos desprezar, mas há explicações que teríamos de esperar por muito tempo se não solicitássemos.
>
> Sem as nossas perguntas, *O Livro dos Espíritos* e *O Livro dos Médiuns* ainda estariam por fazer ou pelo menos seriam muito mais incompletos: numerosos problemas de grande importância estariam ainda por resolver.
>
> Longe de qualquer inconveniente, as perguntas são de grande utilidade para a nossa instrução, quando as sabemos formular nos limites convenientes. E oferecem ainda outra vantagem, pois ajudam a desmascarar os espíritos mistificadores. Estes, mais pretensiosos do que sábios, raramente suportam a prova de um questionário formulado com lógica cerrada, cujas perguntas os levam aos seus últimos redutos. Como os espíritos realmente superiores nada têm a temer de semelhante processo, são os primeiros a sugerir que se peçam explicações sobre os pontos obscuros. (*O Livro dos Médiuns*, cap. 26.)

ALGUNS LEMBRETES BÁSICOS PARA SEREM APLICADOS NA HORA DE DOUTRINAR

Em uma localidade próxima a Paris, uma casa noturna realizava um evento, um torneio no qual os participantes procuravam atirar um anão, um deficiente físico de baixa altura, à maior distância possível. O vencedor levava o grande prêmio da noite. Compreensivelmente horrorizado com a prática, o prefeito municipal interditou a atividade.

Após recursos, idas e vindas, o Conselho de Estado francês confirmou a proibição. Na ocasião, o Conselho afirmou que se aquele pobre homem abria mão de sua dignidade humana, deixando-se arremessar como se fora um objeto e não um sujeito de direitos, cabia ao Estado intervir para restabelecer a sua dignidade perdida. Em meio ao assentimento geral, observava-se que a história não havia terminado ainda.

E em seguida, contava que o anão recorrera em todas as instâncias possíveis, chegando até mesmo à Comissão de Direitos Humanos da ONU, procurando reverter a proibição. Afirmava ele que não se sentia diminuído com aquela prática. Pelo contrário.

Pela primeira vez em toda a sua vida ele se sentia realizado. Tinha um emprego, amigos, ganhava salário, gorjetas e nunca fora tão feliz. A decisão do Conselho o obrigava a voltar para o mundo onde vivia esquecido e invisível.

Nunca forme uma opinião sem ouvir os dois lados: obsessor e obsidiado, pois o obsidiado de hoje foi, geralmente o obsessor de ontem.

Dois amigos estão sentados em um bar no Alaska, tomando uma cerveja. Começam, como previsível, conversando sobre mulheres. Depois falam de esportes diversos. E na medida em que a cerveja acumulava, passam a falar sobre religião. Um deles é ateu. O outro é um homem religioso. Passam a discutir sobre a existência de Deus. O ateu fala: "Não é que eu nunca tenha tentado acreditar, não. Eu tentei. Ainda recentemente, eu havia me perdido em uma tempestade de neve em um lugar ermo, comecei a congelar, percebi que ia morrer ali. Aí, me ajoelhei no chão e disse bem alto. Deus, se você existe mesmo, me tire dessa situação, salve a minha vida.

Diante de tal depoimento, o religioso disse: "Bom, mas você foi salvo, você está aqui, deveria ter passado a acreditar."

E o ateu responde: "nada disso! Deus não deu nem sinal. A sorte que eu tive é que vinha passando um casal de esquimós. Eles me resgataram, me aqueceram e me mostraram o caminho de volta. É a eles que eu devo a minha vida".

Note-se que não há aqui qualquer dúvida quanto aos fatos, apenas sobre como interpretá-los.

> *Vemos as pessoas e as coisas não como elas são, mas como nós somos. Por isso evitemos julgamentos, pois por mais nos esforcemos para aprimorá-los, eles sempre terão a limitação da nossa ignorância.*

Uma vez, um sultão poderoso sonhou que havia perdido todos os dentes. Intrigado, mandou chamar um sábio que o ajudasse a interpretar o sonho. O sábio fez um ar sombrio e exclamou: "Uma desgraça, Majestade. Os dentes perdidos significam que Vossa Alteza irá assistir a morte de todos os seus parentes".

Extremamente contrariado, o sultão mandou aplicar cem chibatadas no sábio agourento. Em seguida, mandou chamar outro sábio. Este, ao ouvir o sonho, falou com voz excitada: "Vejo uma grande felicidade, Majestade. Vossa Alteza irá viver mais do que todos os seus parentes".

Exultante com a revelação, o sultão mandou pagar ao sábio cem moedas de ouro. Um cortesão que assistira a ambas as cenas vira-se para o segundo sábio e lhe diz: "Não consigo entender. Sua resposta foi exatamente igual à do primeiro sábio. O outro foi castigado e você foi premiado".

Ao que o segundo sábio respondeu: " A diferença não está no que eu falei, mas em como falei."

O modo como se fala faz toda a diferença. Isso é uma sábia advertência ao doutrinador. Use a brandura. Ela não ofende mesmo quando dita com a força da verdade.

Esopo conta a história de um galo que após intensa disputa derrotou o oponente, tornando-se o rei do galinheiro. O galo vencido, dignamente, preparou-se para deixar o terreiro. O vencedor, vaidoso, subiu ao ponto mais alto do telhado e pôs-se a cantar aos ventos a sua vitória. Chamou a atenção de uma águia, que o capturou em voo rasante, pondo fim ao seu triunfo e à sua vida. E, assim, o galo aparentemente vencido reinou discretamente, por muito tempo. A moral dessa história, como próprio das fábulas, é bem simples: devemos ser altivos na derrota e humildes na vitória.

Humildade não significa pedir licença para viver a própria vida, mas tão somente abster-se de se exibir e de ostentar.

(Adaptado do discurso do ministro **Luís Roberto Barroso**, do STF, proferido para a turma de 2014 da faculdade de Direito da UERJ – Universidade do Estado do Rio de Janeiro).

Você não precisa chutar quem já está caído. Aliás, você não precisa nem deve chutar ninguém. A humildade é chave que abre inúmeras portas e a caridade, sua irmã dileta, prepara o caminho para sua paz.

16

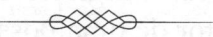

EU, DOUTRINADOR DE MIM

> Nos casos de obsessão grave... Faz-se também necessário, e acima de tudo, agir sobre o ser inteligente, com o qual se deve falar com autoridade, sendo que essa autoridade só é dada pela superioridade moral. Quanto maior for essa, tanto maior será a autoridade. E ainda não é tudo, pois para assegurar a libertação, é preciso convencer o espírito perverso a renunciar aos seus maus intentos; despertar-lhe o arrependimento e o desejo do bem, através de instruções habilmente dirigidas com a ajuda de evocações particulares, feitas no interesse de sua educação moral (*O Evangelho segundo o Espiritismo,* cap. 28)

A doutrinação é a excelente técnica espírita de afastar os espíritos obsessores através do esclarecimento doutrinário. Essa técnica é moderna e foi criada e desenvolvida por Allan Kardec para substituir as práticas bárbaras do exorcismo, largamente usada na Antiguidade, tanto na medicina como nas religiões. O conceito do doente mental como detentor de uma possessão demoníaca, incentivou a prática de espancar o doente para retirar o demônio do seu corpo.

Nos hospitais a cura se processava através de espancamentos diários.

Nas religiões recorria-se a métodos de expulsão por meio de preces, objetos sagrados como crucifixos, relíquias, rosários e terços, medalhas, aspersão de água benta, ameaças, queima de incensos ou outros ingredientes, pancadas e torturas.

> A cooperação de alguém convicto na doutrinação do espírito perturbado vale muito e faz sempre grande bem, principalmente ao desencarnado; mas a cura completa do médium (obsidiado) não depende tão só desse recurso, porque, se é fácil, às vezes, o esclarecimento da entidade infeliz e sofredora, a doutrinação do encarnado é a mais difícil de todas, visto requisitar os valores do seu sentimento e da sua boa vontade, sem o que a cura psíquica se torna inexequível. (Emmanuel/Chico Xavier).
>
> O Ministro ouviu-me, tolerante, e redarguiu:
>
> – Nem sempre doutrinar será transformar. Efetivamente, guardo alguma força magnética suficientemente desenvolvida, capaz de operar sobre a mente de nossos companheiros em recuperação; no entanto, ainda não disponho de sentimento sublimado, susce-

> tível de garantir a renovação da alma. Sem dúvida, dentro de minhas limitações, estou habilitado a falar à inteligência, mas não me sinto à altura de redimir corações. Para esse fim, para decifrar os complicados labirintos do sofrimento moral, é imprescindível haver atingido mais elevados degraus na humana compreensão. (*Entre a Terra e o céu* – André Luiz)

Mas é importante não confundirmos humildade com atitudes piegas, com melosidade. Muitas vezes a doutrinação exige atitudes enérgicas, não ofensivas ou agressivas, mas firmes e imperiosas. É o momento em que o doutrinador, firmado em sua humildade natural, decorrente da consciência que tem das suas limitações humanas trata o obsessor com autoridade moral, a única que podemos exercer sobre os espíritos inferiores. Esses espíritos sentem a nossa autoridade e se submetem a ela, em virtude da força moral de que dispusermos.

Essa autoridade só a conseguiremos através de uma vivência digna no mundo, sendo sempre corretos em nossas intenções e em nossos atos, em todos os sentidos. As nossas falhas morais não combatidas, não controladas, diminuem a nossa autoridade sobre os obsessores. Isso nos mostra o que é a moral: *poder espiritual que nasce da retidão do espírito*. Não se trata da moral convencional, das regras da moral social, mas da moral individual, íntima e profunda, que realiza a integração espiritual do ser voltado para o bem e para a verdade.

A doutrinação praticada com plena consciência desses princípios atinge o obsessor, o obsidiado, os assistentes encarnados e desencarnados e particularmente o próprio doutrinador, que se doutrina a si mesmo, doutrinando os outros. Note-se a importância e o alcance de uma doutrinação assim praticada. É ela a alavanca com que podemos deslocar a mente do charco de pensamentos e sentimentos inferiores para o plano dos espíritos iluminados.

Quais os espíritos que se manifestam para o diálogo em uma reunião mediúnica? Essa parte do texto foi adaptada do livro *Diálogo com as sombras* do valoroso escritor e amigo, já desencarnado Hermínio C. Miranda. Cita as características de espíritos que certamente comparecerão às reuniões de desobsessão nas quais você, amigo leitor, irá participar.

Dirigente das trevas: arrogante, frio, calculista, inteligente, experimentado e violento. Comparece para sondar o doutrinador. Situa-se num plano de olímpica superioridade e nada vem pedir; vem exigir, ordenar, ameaçar, intimidar.

Planejador: é frio, impessoal, inteligente, culto. Mostra-se amável, maneja muito bem o sofisma, é excelente dialético, pensador sutil e aproveita-se de qualquer descuido ou palavra infeliz do doutrinador para procurar confundi-lo.

Os juristas: autoritários, e seguros de si, exoneram-se facilmente de qualquer culpa porque se cingem aos autos do processo. Na opinião deles, qualquer juiz terreno proferiria a mesma sentença diante daqueles fatos.

O executor: sente-se totalmente desligado da responsabilidade, quanto às atrocidades que pratica, pois não é o mandante; apenas executa ordens.

O religioso: apresenta-se, quase sempre, como zeloso trabalhador do Cristo, empenhado na defesa de sua igreja. São argutos, inteligentes, agressivos, violentos, orgulhosos, impiedosos e arrogantes.

O materialista: este não constitui problema difícil, no trabalho de esclarecimento, pois para onde o ser humano se deslocar encontrará inumeráveis provas de que Deus existe.

O intelectual: encontramo-lo de todos os feitios, variedades e tendências. Há o descrente, indiferente, materialista, espiritualista, médico, advogado, nobre, rico, pobre. Como o vazio aqui é de sentimento, este deve ser explorado.

O vingador: observa, planeja e espera a ocasião oportuna e o momento favorável de atacar.

Magos e feiticeiros: antigos magos e feiticeiros que, no mundo espiritual persistem nas suas práticas e rituais.

Magnetizadores e hipnotizadores: são amplamente utilizados nos processos obsessivos, nos métodos da hipnose e do magnetismo, que contam, no Além, com profundos conhecedores e hábeis experimentadores dessas técnicas de indução, tanto entre os espíritos esclarecidos como os em desequilíbrio.

MÉTODOS E TÉCNICAS EMPREGADOS NA DOUTRINAÇÃO

1. Conversação.
2. Doutrinação propriamente dita.
3. Persuasão que pode até incluir técnicas avançadas de sugestão.
4. Prece como elemento condicionante de uma modificação vibratória.

5. Passes.
6. Regressão de memória.
7. Condensador ectoplásmico.

As reuniões de desobsessão não possuem caráter público a fim de que possam ser realizadas com maior homogeneização dos pensamentos e sem a possível ameaça emitida pelo obsessor contra o obsidiado, caso ele esteja presente à reunião.

Divaldo Franco, respondendo à pergunta, "na terapia da desobsessão, é bom que o obsidiado frequente trabalhos mediúnicos?", assim se expressa:

> O ideal será que ele não participe dos trabalhos mediúnicos. Se estiver no estado em que registra as ideias sadias e as perturbadoras, o trabalho mediúnico pode ser-lhe seriamente pernicioso. Porque, se o obsessor incorporar, poderá ameaçá-lo diretamente, criando nele condicionamento que depois vai explorar de espírito a espírito. Como a necessidade não é do corpo físico do enfermo, ele pode estar em qualquer lugar e os mentores trarão as entidades perturbadoras. Ao que ele não deve faltar, sim, é às sessões de esclarecimento doutrinário, para que aprenda a libertar-se das agressões dos espíritos maus e, ao mesmo tempo, crie condições para agir com equilíbrio por si mesmo.

Podemos ainda observar essa mesma opinião na prática mediúnica realizada na Sociedade Parisiense de Estudos Espíritas, segundo informações registradas no livro *Reuniões mediúnicas* elaborado pelo projeto Manoel Philomeno de Miranda: não seria, portanto, de estranhar-se o seu empenho, quando da composição do Estatuto da Sociedade Parisiense de Estudos Espíritas, no sentido de dotá-la de normas seguras e capazes de proteger as suas reuniões experimentais contra a infiltração de elementos desinformados, curiosos ou antagônicos, conforme se nota nos artigos 3°, 4° e 17°, este último sumariamente proibindo as sessões mediúnicas públicas.

Ao contemplar a possibilidade de ouvintes, o referido Estatuto estabelece, no artigo 22, que esses seriam aceitos somente quando simpatizassem com os trabalhos da Sociedade e já estivessem suficientemente iniciados na ciência espírita para compreendê-los. Os critérios de Allan Kardec podem ser percebidos melhor na prática, através dos diálogos que simula em *O Que é o Espiritismo*. No primeiro, ele enfrenta um crítico sistemático, de má vontade, empenhado a mais não poder na tentativa de obter permissão para assistir a algumas reuniões. Obviamente que o codificador não se dobra, negando aquilo que seria uma concessão indébita, para, no final, expor sua tese, enfeixada na seguinte recomendação: instrua-se primeiro pela teoria.

A doutrinação se dá, então, não apenas através da argumentação, mas também através da emanação fluídica. O espírito não é convencido apenas pela razão, mas – *e muitas vezes, primordialmente* – pelo *coração*, através das orações e muito especialmente, das vibrações.

O trabalho do doutrinador fundamenta-se, portanto, nesses dois pilares: primeiramente o Evangelho, o sustentáculo da alma, que ensina o amor fraterno de quem compreende sem julgar. O Evangelho fala ao coração; o segundo, o conhecimento teórico da doutrina, fala à razão.

O DISCURSO E A INTENÇÃO

Nas doutrinações, o sentimento fala mais do que o discurso. Como vimos, o espírito manifestante sente as vibrações do médium. Quando o doutrinador é puro conhecimento, mas sem amor, sem piedade e sem compaixão, sua ação sobre o espírito não é tão eficaz quanto à de um doutrinador que conversa com o espírito não apenas com a razão, mas também com o coração.

O médium incorporado chega a sentir um calor reconfortante, com a mera aproximação de um doutrinador que vibra amor, que ora ao Pai por misericórdia, com sincera compreensão e respeito pelo sofrimento do espírito comunicante.

A maior parte do trabalho de encaminhamento dessas entidades se dá no plano espiritual, e não no plano material. A comunicação mediúnica é apenas o primeiro passo, o choque anímico, que permite que o espírito compreenda sua real situação. É o início de um processo, que terá sua continuidade no plano espiritual.

Os espíritos que se apresentam em sessões de desobsessão, são muitas vezes recebidos com reservas, como se fossem "classificados", por assim dizer, em uma categoria que não é merecedora de muita conversa e atenção; o foco dos trabalhos passa a ser o de "afastar" a entidade, como quem se livra de uma doença.

Doutrinadores e trabalhadores das casas espíritas, que têm esta visão, devem compreender que todo processo de obsessão é uma via de mão dupla. A nós, doutrinadores, não cabe julgar quem é culpado e quem é vítima; nossa função não é analisar, dar receita, ou atuar como juízes.

Na condição de doutrinadores, não nos empenhemos em "afastar" maus espíritos, mas em "resgatar" almas desviadas da senda do progresso. Tenhamos uma palavra solidária, em vez de acusatória. Ofertemos um olhar compassivo, em vez de recriminador.

Espíritos sofredores se beneficiam do choque anímico. Lembremo-nos de que esses espíritos são nossos irmãos, que se encontram em situação de grande desconforto, muitas vezes ignorando sua condição de desencarnados e, não raro, vivendo situações dolorosas, sem conforto, sem consolação e sem esperança.

A troca mediúnica é para eles um grande alívio: poder compartilhar a dor, encontrar quem os ouça, muito especialmente, quem os compreenda já funciona como um princípio de cura. Em casos assim, permitir que o espírito possa desabafar é um ato de caridade. Ouvir, aconselhando, compreendendo, mantendo-se em oração sincera, rogando a Deus pelo alívio de todas as dores da alma desse nosso irmão em sofrimento, é a doação cristã que se espera dos doutrinadores encarnados.

Quando o espírito incorporar, cabe ao doutrinador acercar-se do médium e escutá-lo para avaliar suas necessidades. Não é recomendável falar antes do comunicante procurando adivinhar aquilo que o aflige. A técnica ideal, portanto, é ouvir o que o espírito tem a dizer, para depois orientá-lo, de acordo com o que ele diga, sempre num posicionamento de conselheiro e nunca de um discutidor. Procurar ser conciso, porque alguém em perturbação tem dificuldade no entendimento de qualquer questão que não esteja atrelada a sua dor.

Nós, doutrinadores devemos refletir sobre nossa fragilidade, embora procurando sempre errar o menos possível. Não somos imunes aos erros, para dar "lição de moral" a quem quer que seja. O melhor que podemos fazer é oferecer nossas preces, nossa solidariedade, nossa compaixão, e compartilhar com esses irmãos o pouco conhecimento que temos sobre a vida espiritual, rogando ao Pai que eles sejam socorridos, e lembrando que nós mesmos poderíamos estar naquela situação.

> Monteiro concitava os espíritos à serenidade, mas repreendia sem indulgência as senhoras humildes que não continham o pranto de alguma criança enferma presente à reunião. E no comércio era inflexível com seus devedores.
>
> Passava os dias no escritório estudando a melhor forma de perseguir os clientes em atraso, e à noite ia ensinar o amor aos semelhantes, a paciência e a doçura, exaltando o sofrimento e a luta como estradas benditas de preparação para Deus. Na verdade, estava cego, esquecido de que a existência terrestre é, por si só, uma sessão permanente.
>
> Quando a angina o levou à morte, encontrava-se absolutamente distraído da realidade essencial. Voltou à vida espiritual qual demente necessitado de hospício. O raciocínio pedia socorro divino, mas o sentimento agarrava-se a objetivos inferiores. Viu-se, assim, rodeado de espíritos malévolos que lhe repetiam longas frases de suas sessões mediúnicas. Eles, irônicos, lhe recomendavam serenidade, paciência e

> perdão e perguntavam por que ele não se desgarrava do mundo, estando já desencarnado. (Do livro *Os mensageiros*, de André Luiz)

A revolta tomou conta de sua alma e, mais tarde, quando já estava recolhido em "Nosso Lar", exigiu explicações para o seu estado, visto que não se considerava fracassado. Veneranda, um dia, foi visitá-lo em momento que reservara a descanso. Monteiro crivou seus ouvidos de lamentações e ela o ouviu, pacientemente, por duas horas. Quando o ex-doutrinador se calou, Veneranda sorriu e disse: "Monteiro, meu amigo, a causa da sua derrota não é complexa, nem difícil de explicar. Entregou-se você excessivamente ao espiritismo prático, junto dos homens, nossos irmãos, mas nunca se interessou pela verdadeira prática do espiritismo junto de Jesus, nosso Mestre". Aquelas palavras, como um vulcão, mudaram por completo a atitude mental do ex-doutrinador fracassado. (Cap. 12, pp. 67 a 71.)

Sobre a doutrinação de mim mesmo penso como Hermann Hesse: "Só me interessam os passos que tive de dar na vida para chegar a mim mesmo".

17

A ARTE DO CONVENCIMENTO

A MELHOR MANEIRA de doutrinar é o exemplo. Mas nem sempre a verdade prevalece. Estar com a posse da verdade não significa vitória, pois a verdade pode ser estranha ou desconhecida por muitos. Quando Galileu voltou sua luneta para o céu e descobriu as luas de Júpiter e as crateras da Lua, fortaleceu ainda mais a sua hipótese de que a Terra não era o centro do Universo. Todavia, foi condenado a rasgar seus escritos em praça pública, a negar a verdade que anunciara, permanecendo em prisão domiciliar pelo resto da sua vida.

Quando Fulton foi até Napoleão Bonaparte e disse saber como enviar soldados para a Inglaterra somente com água fervendo, o Imperador não acreditou nele. No entanto ele estava certo e provou isso com sua máquina a vapor.

Edward Jenner foi outro que chocou o mundo ao dizer que germes mortos, inoculados no corpo de alguém, poderiam salvá-lo de uma doença. Ridicularizado continuou com os estudos sobre a vacina, mas sem o crédito de seus observadores.

William Harvey também foi alvo de desconfiança ao descrever a grande circulação do sangue. Muitos cientistas não deram crédito às suas pesquisas, embora estivesse correto em seus raciocínios. O doutrinador deve estar pronto para não ser reconhecido nem ser acreditado, mesmo estando com a razão e o bom-senso a seu favor.

FRASES CHEQUE-MATE

O doutrinador deve ter uma coletânea de frases que o auxiliem na argumentação e no diálogo. Existem frases que funcionam como verdadeiro cheque-mate em um diálogo. Depois que é dita não deixa margem a nenhuma discussão. Quando Joana D'Arc foi presa e estava sendo interrogada pelos bispos, um deles, querendo intencionalmente prejudicá-la forjou uma pergunta carregada de malícia: quer dizer que São Miguel aparece despido para você? Ora, ela jamais dissera aquilo para qualquer pessoa. Sua resposta deixou o bispo sem palavras: "pensas que Deus não tem com que vesti-lo?" Psicologicamente o bispo ficou desconcertado com aquela frase.

Certa feita uma equipe de TV foi filmar Madre Teresa em seu trabalho durante todo o dia. Quando a encontraram, ela estava limpando a perna gangrenada de um homem já sem esperança de vida. O repórter, incomodado com aquela cena, afastou-se um pouco e disse: "nem por um milhão de dólares eu faria isso", ao que Madre Teresa comovida respondeu: "por esse preço também eu não faria. Faço por amor."

Certa feita estava Jesus a pregar quando um homem, para tentá-lo, perguntou-lhe se era lícito pagar impostos a César. O inquiridor esperava deixar Jesus em situação incômoda, pois se respondesse que sim, ficaria antipatizado com os judeus, que odiavam o imposto aludido. E se dissesse que não, estaria contra Roma, que fazia dos impostos uma questão a qual ninguém poderia se opor. Então Jesus pedindo ao interlocutor uma moeda perguntou: de quem é esta efígie? "De César", respondeu o homem a quem Jesus indagara. "Pois dai a César" o que é de César e a Deus o que é de Deus", disse Jesus. O homem que quisera prejudicar Jesus com aquela pergunta deve estar ainda hoje imaginando como o Mestre encontrou resposta tão sábia e tão elegante em tão pouco tempo.

Jesus era mesmo um mestre na argumentação, ponto forte do doutrinador. Quando lhe apresentaram uma mulher adúltera e lhe disseram que Moisés ordenara que atirassem pedras a essas tais, também lhe pediram sua opinião a respeito deste fato. A princípio Jesus permaneceu calado, mas sob insistência soltou seu verbo inspirado dizendo: "aquele dentre vós que estiver sem pecado atire a primeira pedra". Sob espanto geral os mais velhos foram soltando as pedras e os mais novos seguindo-lhes os gestos. Em breves instantes ficaram somente Jesus e a mulher no cenário antes apinhado de acusadores. Este foi outro que deve ter passado o restante da encarnação pensando como Jesus teve aquela destreza e sabedoria para sair vitorioso daquela armadilha.

Boas frases sempre ajudam nos diálogos. Algumas delas são indutoras de ânimo, de arrependimento, de perdão, de tolerância... mas sempre ditas com sentimento, senão serão apenas palavras.

As frases das obras de Emmanuel, André Luiz, frases da filosofia chinesa, japonesa, indiana contêm excelentes argumentos para a doutrinação.

> Se avistares uma pessoa digna, procura imitá-la. Se encontrares com uma indigna, examina tua consciência. (Chinesa)
>
> Quando as palavras valem menos que o silêncio é melhor que se faça silêncio. (Chinesa)
>
> Ninguém cicatriza feridas abrindo feridas nos outros. (André Luiz)
>
> Sombra sobre sombra não produz claridade. (André Luiz)
>
> Para as mãos dignas jamais faltará trabalho digno. (André Luiz)
>
> Quem foge ao trabalho sacrificial da frente encontra sempre a dor pela retaguarda. (André Luiz)

Regra áurea: utilizar a disciplina e a caridade, tendo o cuidado para que a disciplina não atropele a caridade nem a caridade amoleça a disciplina.

Sobre a necessidade da doutrinação: Alguns espíritas afirmam que a doutrinação seria realizada com mais eficiência pelos bons espíritos no plano espiritual. Essa é uma prova de desconhecimento doutrinário, pois os espíritos sofredores permanecem apegados à matéria e à vida terrena, razão pela qual os protetores espirituais têm dificuldade de comunicar-se com eles. O seu envolvimento com os fluidos e as emanações ectoplásmicas próprias da sessão mediúnica lhes é, portanto, necessário, o que evidencia que a reunião mediúnica e a doutrinação humana dos desencarnados são uma necessidade.

Léon Denis, por exemplo, acentua que, "no Espaço, sem a bênção da incorporação, os seus fluidos, ainda grosseiros, não lhe permitem entrar em relação com espíritos mais adiantados".

O assistente Áulus, focalizando o assunto, esclarece que eles "trazem ainda a mente em teor vibratório idêntico ao da existência na carne, respirando na mesma faixa de impressões".

Suporte doutrinário ou filosofia base na doutrinação: o Evangelho de Jesus em primeiro plano; demais obras de Kardec; obras subsidiárias: Hermínio C. de Miranda, Manoel Philomeno de Miranda, André Luiz, Yvonne Pereira; Luiz Gonzaga Pinheiro, Américo Sucena, dentre outros.

Característica do grupo mediúnico: união através de um clima de afetividade, espírito de doação e amor pelo que faz; pontualidade e perseverança; estudo constante.

Atributos morais e intelectuais exigidos do doutrinador: todos nós temos mais força e coragem do que supomos, por isso não espere a santidade chegar para fazer algo.

VIGILÂNCIA E ORAÇÃO

A vigilância e a oração são regras pétreas para doutrinadores, sem as quais eles podem se perder no emaranhado de agressões e de armadilhas que os obsessores, sempre hábeis nessa matéria, podem lhes destinar. A oração é o escudo do doutrinador e a vigilância o antídoto contra as ciladas que lhe preparam seus inimigos. É ter como dizia Jesus, a mansidão das pombas e a sagacidade da serpente.

AUTORIDADE MORAL

Não é que precise o doutrinador esperar até que atinja a santidade para fazer algo. É o esforço de melhorar a cada dia, pois esta característica sempre é reconhecida pelos obsessores como típica de pessoa respeitável; procurar ser fiel a seus mentores, estudar e aplicar o aprendizado em sua vida cotidiana. Ver no Evangelho as virtudes inerentes a um homem de bem e esforçar-se para adquiri-las e praticá-las.

CONFIANÇA NAS EQUIPES

A confiança é a base de um relacionamento harmonioso. Tanto a equipe encarnada quanto a desencarnada precisam estar confiantes no desempenho de suas tarefas. Entrosamento e confiança são as virtudes que perpassam todas as tarefas do grupo.

DISCIPLINA

A disciplina é um tema obrigatório na doutrinação. Disciplina de horário e de hábitos. Não pecisamos estabelecer um clima de autoritarismo, mas não devemos deixar que a permissividade estabeleça uma liderança frouxa na qual tudo pode em nome da caridade.

AMOR

O amor é como Deus. Não sabemos o que ele é. Sabemos apenas o que ele não pode ser. O amor é doação sem exigências. A carta de Paulo aos coríntios retrata bem o que, no nosso estágio, entendemos por amor. Mas ainda estamos longe desse conhecimento, dessa vibração. No livro de André Luiz, *No mundo maior* existe uma personagem chamada Cipriana, que é convidada à doutrinação de espíritos cujo toque, palavras, orações não surtiam efeito. "Por que chamar essa senhora?" Indaga André. "Por que ela já domina o amor fraternal", responde seu instrutor. Quando a mulher alcança os infratores os aconchega como filhos e a sua vibração de amor os despertam no que a confundem com Nossa Senhora, mãe do Salvador. Note-se que apenas a vibração do amor foi capaz de despertar aqueles enfermos, promovendo a lucidez, o arrependimento e a vontade de soerguimento.

EMBASAMENTO DOUTRINÁRIO

O grupo de educação da mediunidade ou de desobsessão deve estar atrelado a um grupo de estudos com a finalidade de adquirir suporte teórico para os intrincados problemas que surgem nas reuniões. Grupo que não estuda é facilmente mistificado.

CULTURA GERAL

Um dos lemas do espiritismo é "amai-vos e instruí-vos". O amor e a instrução são as duas asas capazes de elevar o espírito aos altos planos evolutivos. O conhecimento proporciona ao espírito uma alegria sem jaça e o prepara para o enfrentamento das mais distintas questões de sua vida. Conhecer é aproximar-se da mente de Deus, que tudo criou para nossa felicidade. Mas para desfrutarmos dessas maravilhas divinas precisamos entendê-las, sendo isto possível apenas com a aquisição do conhecimento.

INTUIÇÃO

É preferível que o doutrinador não tenha nenhuma mediunidade ostensiva a não ser uma apurada intuição. Ele precisa focar e centralizar todas as suas energias na doutrinação e uma vidência ou audiência, por exemplo, o tirariam do foco de sua conversação.

PREPARO PARA O SONO FÍSICO

Geralmente os grupos mediúnicos se reúnem durante o sono físico para planejamentos e busca de soluções no auxílio e amparo a entidades sofredoras. Para isso deve haver um preparo para que os componentes não se dispersem em outras atividades. É orar ao deitar e pedir aos mentores que os busquem, os lembrem os compromissos, os transportem aos locais de reuniões, palestras, cursos, enfim, ao trabalho renovador e motivador.

TATO PSICOLÓGICO

Por falta de um termo mais adequado chamamos de tato psicológico ao entendimento da dor alheia. A piedade que faz vibrar as fibras do coração e impulsiona o ser à prática do amor. Doutrinação não é algo que se situa no campo do intelecto, mas no campo do sentimento. Sem amor não há doutrinação, mas repasse de informações. Aliás, sem amor não há vida, pois é o amor que gera a vida.

O DOUTRINADOR PODE SER UM MÉDIUM?

> Toda pessoa que sente a influência dos espíritos, em qualquer grau de intensidade, é médium. Essa faculdade é inerente ao homem. Por isso mesmo não constitui privilégio e são raras as pessoas que não a

> possuem pelo menos em estado rudimentar. Pode-se dizer, pois, que todos são mais ou menos médiuns. Usualmente, porém, essa qualificação se aplica somente aos que possuem uma faculdade mediúnica bem caracterizada, que se traduz por efeitos patentes de certa intensidade, o que depende de uma organização mais ou menos sensitiva. (*O Livro dos Médiuns*, cap. 14.)

OBJETIVO DA DOUTRINAÇÃO

Aconselhamento com sabedoria, indução da autoestima, do arrependimento e do desejo de transformação moral; superação do remorso direcionando energias para o trabalho de reconstrução de si próprio; desfazer litígios, acolher enfermos, esclarecer sobre problemas que afligem o comunicante.

ABORDAGEM AO COMUNICANTE: VARIA CONFORME A CONDIÇÃO APRESENTADA

Quando eu frequentava a reunião de educação mediúnica ouvi o doutrinador dizer a um comunicante muito mal-humorado: "lembre-se de sua mãe!" E ele tocado pela lembrança, até mesmo porque estava vendo a imagem no condensador ectoplásmico começou a chorar. Então disse para comigo mesmo: Esta é uma boa técnica. Posteriormente quando o doutrinador tentou utilizar a mesma técnica para outro comunicante este respondeu:

"que mãe! Aquilo era uma vadia. Foi ela que me abandonou e daí começou minha desgraça". Não há, portanto, na doutrinação um estilo padrão de abordagem, uma argumentação que sirva para todos os casos, um discurso pronto e acabado.

EM TODOS OS CASOS UTILIZAR LINGUAGEM CLARA, COERENTE E SEM PRECIOSISMO.

Exemplo de preciosismo: Rui Barbosa, acordou certa feita durante a noite com o barulho de um ladrão querendo roubar suas preciosas galinhas. Levantou-se com cuidado e surpreendeu o larápio com a mão nas penosas. Com seu estilo bombástico e seu português impecável assim falou para o ladrão:

> Não o interpelo pelos bicos de bípedes palmípedes, nem pelo valor intrínseco dos retro citados galináceos, mas por ousares transpor os umbrais de minha residência. Se foi por mera ignorância, perdoo-te, mas se foi para abusar da minha alta prosopopeia, juro pelos tacões metabólicos dos meus calçados que dar-te-ei tamanha bordoada no alto da tua sinagoga que transformarei tua massa encefálica em cinzas cadavéricas.
>
> O ladrão, todo sem graça, perguntou:
>
> – Mas como é, seu Rui, eu posso levar o frango ou não?

Naturalmente o discurso estava inadequado ao nível do ouvinte.

LINGUAGEM A UTILIZAR COM OS ESPÍRITOS

> O grau de superioridade ou de inferioridade dos espíritos indica naturalmente o tom em que se lhes deve falar. É evidente que quanto mais elevados, mais merecem o nosso respeito, a nossa consideração. (*O Livro dos Médiuns,* cap.25)
>
> No tocante aos espíritos inferiores, seu próprio caráter determina a linguagem que devemos empregar. Há entre eles os que, embora inofensivos e até mesmo benévolos, são levianos, ignorantes, estouvados. Tratá-los igual aos espíritos sérios, como o fazem algumas pessoas, seria o mesmo que nos inclinarmos diante de um escolar ou perante um asno com barrete de doutor. O tom familiar não lhes causa estranheza e nem os melindra; pelo contrário, é o que lhes agrada. (*O Livro dos Médiuns,* cap. 25)
>
> Em resumo: seria irreverente tratarmos os espíritos superiores de igual para igual, como seria ridículo dispensarmos a todos, sem exceção, a mesma deferência. (*O Livro dos Médiuns,* cap.8)

Tenhamos veneração pelos que a merecem, reconhecimento pelos que nos protegem e assistem, e para todos os outros a benevolência de que talvez nós mesmos necessitemos um dia. Descobrindo o mundo incorpóreo aprendemos a conhecê-lo e esse conhecimento deve regular as nossas relações com os seus habitantes. Os Antigos, na sua ignorância, levantaram altares a eles. Para nós, não passam de criaturas mais ou menos perfeitas e só elevamos altares a Deus.

POSSÍVEIS COMUNICANTES EM UMA REUNIÃO DE DESOBSESSÃO

Espíritos dementados:

Como se encontram na condição de ausentes de si mesmos, devemos socorrê-los com orações e passes. Neste caso o discurso não funciona.

Espíritos que não conseguem falar:

Quatro podem ser as causas da mudez: problemas mentais que interferem no centro da fala, ódio, reflexo de doenças havidas antes da desencarnação e desejo de não deixar transparecer o que pensa. O passe e a prece ajudam muito os que, tendo tido problema de mudez quando encarnados, pensam que continuam mudos. Não se recomenda, em nenhuma das circunstâncias citadas, forçá-los a falar, mas incentivá-los dizendo-lhes que os médicos presentes podem remover o bloqueio. Se necessário os mentores farão isso ou voltarão com ele para a cela para que se comunique em outra oportunidade.

Suicidas:

Como o sofrimento é intenso, cabe ao doutrinador socorrê-los, aliviando-lhes os tormentos através do passe. A doutrinação deve ser embasada no consolo. O evangelho de Jesus, principalmente o capítulo VI, O Cristo Consolador encontra aí farta aplicação.

Alcoólatras e toxicômanos:

Censurá-los pelo apego ao vício pode torná-los refratários ao diálogo. Devemos falar-lhes sobre Jesus e o

Evangelho, e, em caso de delírios, o passe é o meio de aliviá-los.

Sofredores:

Deve-se aliviá-los através da prece e do passe. Alguns se sentem mais fortalecidos com as palavras de Jesus. A maioria adormece e é levada pelos trabalhadores espirituais.

Espíritos que desconhecem a própria situação:

É muito comum o espírito ignorar que já desencarnou, mas há indivíduos que não têm condições de serem informados sobre a própria morte. A explicação deve ser feita com tato, dosando-se a verdade conforme o caso. Devemos antes infundir-lhes a confiança em Deus, a ideia de que a vida se processa em vários estágios; que ninguém morre – a prova mais evidente é ele estar ali falando – e que a vida verdadeira é a vida espiritual.

Espíritos que desejam tomar o tempo da reunião:

Valem-se de vários artifícios para alongar a conversa e têm resposta para tudo. Não se deve debater com eles, mas sim levá-los a pensar em si mesmos. De um modo geral, costumam voltar outras vezes. Doutor Bezerra de Menezes, certa feita, exercendo o ofício de doutrinador deparou-se com um deles e após algumas tentativas com a utilização do Evangelho considerou: "com você evangelho não funciona. Só mesmo a polícia". E gritou: "Polícia! Polícia!" No que o comunicante saiu correndo.

Irônicos:

A ironia de que se utilizam torna difícil o diálogo. Procuram ferir o doutrinador e os membros do grupo com comentários e críticas mordazes. Não se deve ficar melindrado com isso, porque é exatamente o que desejam. Aceitando com humildade suas reprimendas, sem procurar defender-se, o doutrinador fará com que fiquem desarmados. Conscientizá-los do verdadeiro estado em que se encontram, da solidão e da tristeza em que vivem, afastados dos seus afetos mais caros, eis o caminho a seguir no diálogo.

Desafiantes:

O doutrinador deve encaminhar o diálogo atento a alguma observação que o comunicante faça e que possa servir de base a atingir-lhe o ponto sensível. Certa feita um deles para me fazer medo foi chegando e anunciando seu nome; "eu sou o Zeca dos 7 punhais"! "E eu sou o Luiz dos 14 revólveres", respondi de imediato. Ele, pego de surpresa, ficou tão sem palavras que logo me adiantei e disse: "mas não estou aqui para discutir com o senhor, apenas para servi-lo". Daí em diante conseguimos conversar como amigos.

Espíritos que auxiliam os obsessores:

Deve-se dizer-lhes que ninguém é chefe de ninguém e que o nosso único chefe é Jesus. O esclarecedor mostrará também o mal que estão praticando e do qual advirão sérias consequências para eles mesmos.

Descrentes:

Dizem-se frios, céticos, ateus. O doutrinador tem, porém, um argumento favorável ao mostrar-lhes que, apesar do que pensam, continuam vivos e se comunicam através da mediunidade. Pode-se dizer-lhes ainda que essa indiferença resulta dos sofrimentos por que passam, mas que isso não os levará a bom termo em caminho algum, e sim a maiores dissabores e a uma solidão insuportável. Não se deve tentar provar que Deus existe, mas, em primeiro lugar, tentar despertá-los para a realidade da vida. Depois, o doutrinador dirá, com bastante tato, que somente o Pai pode oferecer-lhes o remédio e a cura para seus males.

Amedrontados:

É necessário infundir-lhes confiança, mostrando que naquele recinto eles estão a salvo de qualquer ataque, desde que também se coloquem sob a proteção de Jesus. Se estão apavorados em algum lugar, a primeira providência é retirá-los de onde estão.

Vingativos:

A vingança e o ódio perturbam os espíritos vingativos, por isso é preciso levá-los a refletir sobre si mesmos, para que verifiquem o estado em que se encontram e o mal que o ódio e a vingança produzem em quem os cultivam. Argumenta-se que não têm paz, nem amigos nem seus amores que ficaram perdidos em algum lugar e é preciso encontrá-los, pois precisam dele.

Obsessores inimigos do espiritismo:

Deve-se evitar comentários sobre religião (rótulos),

porquanto geralmente nossos adversários são ligados a outros credos religiosos. O diálogo deve ser em torno dos ensinamentos de Jesus, comparando-se o que o Mestre ensinou e as atitudes dos que se dizem seus legítimos seguidores.

Galhofeiros e zombeteiros:

É preciso ter muita paciência com tais entidades, mantendo-se elevado o teor dos pensamentos. O diálogo buscará torná-los conscientes da inutilidade de suas atitudes, mostrando-lhes que o riso encobre, comumente, o medo e a solidão.

Espíritos ligados a terreiros e à magia:

Muitas vezes estão vinculados a algum nome ou caso que esteja sendo tratado pelo grupo. Na maioria das vezes, o doutrinador, com a ajuda dos técnicos ou dos milicianos, os conduzirão a que desfaçam o trabalho que foi preparado por eles.

Mistificadores:

Há mistificadores que se comunicam aparentando ser um sofredor, um necessitado, com a finalidade de desviar o ritmo das tarefas e de ocupar o tempo. O médium experiente e o grupo bem sintonizado os identificarão, mas é preciso para isso vigilância e discernimento. As vibrações do espírito permitem ao médium captar sua real intenção. No momento da avaliação, após a reunião, o médium deve declarar o que sentiu e qual era o verdadeiro objetivo do comunicante. Ao tratar do assunto no final da reunião deve o doutrinador ter o máximo cuidado de dizer que o mistificador é o comunicante e não o médium, evitando assim melindres desnecessários.

Vítimas da nanotecnologia:

Em se tratando de obsidiados que possuem implantados em seu perispírito qualquer artefato tecnológico, solicitar através da prece o auxílio de técnicos desencarnados, que utilizando o ectoplasma dos presentes e de um médium apropriado, promoverão a retirada.

A NANOTECNOLOGIA NA OBSESSÃO

Não seria o momento adequado para uma mudança de postura frente à doutrinação? É certo que o Evangelho de Jesus deve ser a base forte da doutrinação, mas é correto, também, que os doutrinadores se capacitem para o enfrentamento com os técnicos que invadiram o campo da obsessão, antes ocupado apenas por obsessores raivosos.

A mecânica quântica, a biologia, a química, os estudos que se referem à informática como um todo, enfim, a ciência atualizada e cristianizada deve fazer parte do currículo do doutrinador. Não se trata de mudar o espiritismo nem de tirar de Kardec sua profundidade e competência, mas de avançarmos com ele, atualizando a técnica de doutrinar, diversificando e direcionando o método de abordagem quando o diálogo for com um técnico em nanotecnologia envolvido com obsessão.

Em obediência à lei do progresso cujo sentido deve ser para frente e para o Alto, nós doutrinadores devemos nos capacitar melhor, incluindo em nossos estudos este tipo de comunicante, o técnico, o que domina a tecnologia dos microaparelhos que são implantados no perispírito e causam enfermidades difíceis de detectar. A preocupação de nossos instrutores é longa e profunda quanto a esta questão.

"Não há maior poder de convencimento do que a forma com que aplico em minha vida aquilo que acredito". (Pignata)

18

TEMAS RECORRENTES: FLUIDO VITAL, SEXO, SANGUE, PODER, SOFRIMENTO

A BUSCA PELO fluido vital: o que lhe sugere a figura abaixo?

O QUE É FLUIDO VITAL?

O fluido vital ou princípio vital é uma forma modificada do fluido universal. É o elemento básico da vida. É essa força motriz dos corpos orgânicos, comum a todos os seres vivos, desde as plantas até os homens. É o fluido elétrico animalizado, designado também sob os nomes de fluido magnético ou fluido nervoso.

SERES ORGÂNICOS E INORGÂNICOS

Seres orgânicos: são os que têm em si uma fonte de atividade íntima que lhes dá a vida: os homens, os animais e as plantas. Nascem, crescem, se reproduzem por si mesmos e morrem. São providos de órgãos especiais para a realização dos diferentes atos da vida, apropriados às suas necessidades de conservação.

Seres inorgânicos: são todos os que não têm nem vitalidade, nem movimentos próprios e são formados apenas pela agregação da matéria; são os minerais, a água, o ar...

> Há diferença entre a matéria dos corpos orgânicos e a dos inorgânicos? (*O Livro dos Espíritos,* Livro I, cap.4)
>
> – A matéria é sempre a mesma, porém nos corpos orgânicos está animalizada.
>
> Qual a causa da animalização da matéria?
>
> – Sua união com o princípio vital. (*O Livro dos Espíritos,* Livro I, cap.4)

A diferença entre uma árvore viva e um pedaço de madeira é, justamente, a presença do fluido vital na primeira.

POR QUE O FLUIDO VITAL É TÃO COBIÇADO PELOS ESPÍRITOS?

O espírito obsessor-vampirizador, ao definir seu perseguido por questões cármicas ou por simples prazer em exercer o mal, põe-se a sugar-lhe as forças. O vampirismo se faz ainda mais presente no caso em que o indivíduo é fumante, alcoólatra, come em demasia, é usuário de drogas.

Os vapores sutis das drogas, ao se volatilizarem são facilmente detectados pelos espíritos viciados, que sorvem esses vapores, deles se apropriando e incentivando o encarnado a consumir mais e mais... O frequentador de bares, ao sair embriagado, não está sozinho; junto a ele, em processo de simbiose uma entidade das sombras o abraça, qual se um polvo estranho o absorvesse, exibindo as mesmas perturbações. Esse triste processo chama-se vampirismo espiritual, ou seja, ação dos espíritos inferiores desencarnados que viciosos se imantam às suas vítimas, absorvendo-lhes fluidos vitais. É dessa maneira que um viciado qualquer leva para dentro de casa vampiros e obsessores.

> O espírito vampiro segue-lhe os passos, "alimentando-se" das emanações, sejam do fumo, da bebida, ou até mesmo do próprio fluido vital. Há vários graus de subjugação em uma relação vampirizante. Há vam-

piros que drenam apenas emanações de fumo e de bebida, mas há aqueles que têm a capacidade de vampirizar a um tal ponto que o obsidiado vê minguarem-se-lhe as forças, emagrecendo, adoecendo e não raro, se não é efetuado um trabalho de desobsessão o indivíduo pode desencarnar. As emanações do ambiente produziam em nós indefinível mal-estar. Junto de fumantes e bebedores inveterados, criaturas desencarnadas de triste feição se demoravam expectantes.

Algumas sorviam as baforadas de fumo arremessadas ao ar, ainda aquecidas pelo calor dos pulmões que as expulsavam, nisso encontrando alegria e alimento. Outras aspiravam o hálito de alcoólatras impenitentes. O que a vida começou, a morte continua... Esses nossos companheiros situaram a mente nos apetites mais baixos do mundo, alimentando-se com um tipo de emoções que os localiza na vizinhança da animalidade. (André Luiz – *Nos domínios da mediunidade*)

FLUIDO VITAL E CHACRAS

O sangue tem como principais funções o transporte de oxigênio, a coagulação em caso de hemorragia, a defesa do organismo e o transporte de diversas substâncias como nutrientes, resíduos celulares, hormônios e anticorpos. Para sentir as emoções grosseiras oriundas do sexo desregrado, das drogas, do álcool, dos alimentos, com mais intensidade, os espíritos inferiores se apropriam do fluido vital, pois não o produzem, praticando o furto dessa substância junto aos encarnados que lhe dão guarida. Sem essa substância que lhes aumentam as sensações animalescas que esses vícios proporcionam tudo fica mais fraco e sem graça, dizem eles.

OS FAMINTOS DE VITALIDADE

Em torno da Crosta movimenta-se extensa multidão de espíritos exauridos pelas paixões e vícios da carne, famintos de vitalidade e aflitos para obterem o "tônus vital" que perderam e viceja no sangue humano. Eles aceitam qualquer tarefa nefanda, trabalho execrável ou humilhante no Além, desde que possam conseguir o sangue para a sua nutrição mórbida. Tão desesperados como os viciados pela cocaína, morfina, álcool, acompanham os encarnados na esperança de vampirizá-los na sua fonte de vitalidade, que é o sangue.

Ademais, os espíritos astutos, malévolos e veteranos do astral inferior ainda costumam vampirizar os infelizes recém-chegados desprotegidos, extraindo-lhes qualquer resíduo vital que porventura ainda possam trazer na sua contextura perispiritual. Só quando os falecidos possuem amigos ou parentes desencarnados, que os protegem de um vampirismo indesejável, os famintos das sombras então permanecem à distância no sepultamento.

> Então, lhes resta o recurso de se contentarem com a precária nutrição de fluido vital obtida na simbiose com as criaturas viciadas e escravas dos prazeres

impuros. Assim como as parasitas extraem a seiva vital dos arbustos benfeitores, os vampiros do Além-túmulo exaurem suas vítimas imprudentes no processo de parasitismo de baixa espiritualidade.

Diante do local em que se processava a matança dos bovinos, percebi um quadro estarrecedor. Grande número de desencarnados em lastimáveis condições, atiravam-se aos borbotões de sangue vivo, como se procurassem beber o líquido em sede devoradora. Estão sugando a força do plasma sanguíneo dos animais. São famintos que causam piedade. (*Missionários da luz* – André Luiz)

RECONSTITUIÇÃO DAS FORÇAS ESPIRITUAIS

A prática do exercício sexual é como uma viagem que se planeja com muito carinho e executa com grande alegria. Em uma viagem o importante não é apenas a chegada, mas as paisagens do caminho, a boa conversa no percurso, o amparo nas curvas, os aromas, as cores, os silêncios, enfim, todo o contentamento que uma viagem nos traz.

Segundo André Luiz, no livro *Evolução em dois mundos:*

> O instinto sexual não é apenas agente de reprodução entre as formas superiores, mas acima de tudo, é o reconstituinte das forças espirituais, pelo qual as criaturas encarnadas ou desencarnadas se alimentam mutuamente, na permuta de raios psicomagnéticos que lhes são necessários ao progresso. O sexo

reside na mente, a expressar-se no corpo espiritual, e consequentemente, no corpo físico, por santuário criativo de nosso amor perante a vida, e, em razão disso, ninguém escarnecerá dele, desarmonizando--lhe as forças, sem desarmonizar a si mesmo.

Ação criadora da energia sexual: a afetividade é fundamental na formação dos núcleos familiares, seja a família tradicional, ou em outros arranjos familiares onde o amor prepondere. A sexualidade permite que nós, encarnados, participemos da criação de novas vidas, contribuindo para a encarnação de espíritos afins ou não. Quando canalizada para ações humanitárias, a afetividade e a energia sexual produzem obras belíssimas, nas áreas das ciências, artes, empreendimentos econômicos, sociais, e magníficos trabalhos no terreno da caridade.

Segundo Emmanuel, no livro *Vida e sexo:*

> A individualidade em trânsito, da experiência feminina para a masculina ou vice-versa, demonstrará traços da feminilidade em que terá estagiado por muitos séculos, em que pese ao corpo masculino que o segregue verificando-se análogo processo com referência à mulher nas mesmas circunstâncias. O homem que abusou das faculdades genésicas, arruinando a existência de outras pessoas, em muitos casos é induzido a renascer em corpo feminino, aprendendo a reajustar os sentimentos. A mulher que agiu de igual modo é impulsionada à reencarnação em corpo masculino, com idênticos fins.

Para finalizar recorremos novamente a Emmanuel:

> Companheiros da Terra, à frente de todas as complicações e problemas do sexo, abstende-vos de censura e condenação. Muitos dos nossos erros imaginários são caminhos certos para o bem, ao passo que muitos dos nossos acertos hipotéticos são trilhas para o mal de que nos desvencilharemos, um dia. Será justo sintetizarmos: não proibição, mas educação. Não abstinência imposta, mas emprego digno com o devido respeito aos outros e a si mesmo. Não indisciplina, mas controle. Não impulso livre, mas responsabilidade. Abençoai e amai sempre.

A SEDE DE PODER

Perguntei ao Chico sobre Hitler. Onde estaria o espírito Hitler? Chico então me contou uma história muito interessante. Segundo ele, imediatamente após a sua desencarnação, o espírito Hitler recebeu das Altas Esferas uma sentença de ficar 1.000 anos terrestres em regime de solitária numa prisão espiritual situada no planeta Plutão. Chico explicou-me que esta providência foi necessária não somente pelo aspecto da pena que se lhe imputara aos erros clamorosos, mas também em função da misericórdia celeste em protegê-lo da horda de milhões de almas vingativas que não o haviam perdoado por seus deslizes lamentáveis. Durante este período de 10 séculos em absoluta solidão ele seria chamado a meditar mais profundamente sobre os enganos cometidos e então teria nova chance de recomeçar na estrada evolutiva. (Geraldo Lemos Neto – *Conversas com Chico Xavier*)*

O SOFRIMENTO

Bem-aventurados vós que sois pobres, porque vosso é o reino dos céus.

Bem-aventurados vós, que agora tendes fome, porque sereis saciados.

Ditosos sois, vós, que agora chorais, porque rireis.

Mas ai de vós, ricos! Que tendes no mundo a vossa consolação.

Ai de vós que estais saciados, porque tereis fome.

Ai de vós que agora rides, porque sereis constrangidos a gemer e a chorar. (O sermão do monte – Jesus)

Quando o Mestre, há aproximadamente 2.000 anos, exortou o sofrimento, não o fez fazendo apologia a este e sim como um chamamento a nos lembrar da lei univer-

* *Nota do editor:* devemos ter cautela com as citações que diversos confrades dizem ter ouvido de Chico Xavier. Primeiro, não foi por escrito; segundo, não foram os espíritos que escreveram. Neste caso citado, a pena imposta ao espírito, com data certa não condiz com os ensinamentos dos espíritos superiores, que respeitam muito o livre-arbítrio. A pena contraria princípios de leis divinas reveladas pelos espíritos a Kardec. Considerando o livre-arbítrio do espírito, mil anos pode ser pouco e cem anos pode ser suficiente se ele se modificar. O que condiz com o pensamento do filósofo e psicólogo William James: "A maior descoberta de minha geração é que qualquer ser humano pode mudar de vida, mudando de atitude".

André Luiz, em entrevista, diz: "Quando a pessoa se decide ao burilamento próprio, com ânimo e decisão, a existência física de cinquenta anos vale muito mais que o tempo correspondente a cinco séculos sem orientação no aprimoramento moral de si mesma". (Do *Anuário Espírita de 1964*, resposta do espírito André Luiz aos médiuns Chico Xavier e Waldo Vieira).

sal de ação e reação, pois não viemos a este planeta para sofrer e sim para continuar a nossa evolução, reparar a nossa vida pregressa e desenvolver novos conceitos, rumo à perfeição.

> O homem na maioria das vezes é o causador de seu infortúnio, quer seja neste plano ou no além-túmulo. O homem, pois nem sempre é punido, ou punido completamente, na sua existência atual; mas não escapa nunca das consequências de suas faltas. A prosperidade do mal é apenas momentânea; que se ele não expiar hoje, expiará amanhã, ao passo que aquele que sofre está expiando o passado. O infortúnio que à primeira vista, parece imerecido tem a sua razão de ser (*O Evangelho segundo o Espiritismo,* Cap. V.)

Ensina Emmanuel em *Justiça Divina*:

> Somos espíritos doentes em laboriosa restauração devido aos débitos contraídos no passado. Todos somos enfermos pedindo alta. Sofrimento, portanto, é consequência de violações, abusos, no curso dos quais a Lei Divina foi desrespeitada e os deveres negligenciados. Dor e adversidade apresentam-se hoje como oportunidades de resgatar débitos, de conquistar a liberdade. É o remédio para as imperfeições do espírito, para as enfermidades da alma. Sem isso não é possível a cura.

Na vida precisamos praticar o bem e é normal cometer erros novos, pois continuar com os antigos gera em nós condicionamento e não aprendizagem.

19

DOUTRINAÇÃO – GENERALIDADES

> Ainda que eu fale a língua dos homens e dos anjos, se não tiver amor, serei como o bronze que soa, ou como o címbalo que retine. Ainda que eu tenha o dom de profetizar e conheça todos os mistérios e toda a ciência: ainda que eu tenha tamanha fé, a ponto de transportar montanhas, se não tiver amor, nada serei. (Carta de Paulo)

COMO DOUTRINAR

O CODIFICADOR DO Espiritismo, Allan Kardec, se expressa nos seguintes termos, a respeito da necessidade de se doutrinar espíritos obsessores:

> Nos casos de obsessão grave... Faz-se também necessário, e acima de tudo, agir sobre o ser inteligente, com o qual se deve falar com autoridade, sendo que essa autoridade só é dada pela superioridade moral. Quanto maior for essa, tanto maior será a autoridade. E ainda não é tudo, pois para assegurar a libertação, é preciso convencer o espírito perverso a renunciar aos seus maus intentos; despertar-lhe o arrependimento e o desejo do bem, através de instruções habilmente dirigidas com a ajuda de evocações particulares, feitas no interesse de sua educação moral. – (*O Livro dos Médiuns,* cap.28).

O CARÁTER SIGILOSO DA DOUTRINAÇÃO

Isso só poderá ser feito por meio de sessões mediúnicas realizadas exclusivamente para esse fim. Através de evocações particulares, pode-se conseguir contato com o espírito perturbador, obter dele informações dos motivos da perseguição e instruí-lo para que abandone seus intentos.

Todos os fatos narrados nessas comunicações mediúnicas são de caráter íntimo e não deverão ser revelados nem para o paciente, nem para outros membros do centro espírita que não façam parte da equipe que cuida dessa tarefa.

Pode-se dizer a uma pessoa que ela tem um problema espiritual e que será ajudada pela casa espírita, sem que se tenha de tratar de detalhes com ela. Dizer a alguém que está perturbado, que ele foi um carrasco ou um suicida numa outra encarnação, só vai complicar sua situação mental e deixá-lo mais desequilibrado ainda.

> Será sempre útil, para a cura de um obsidiado, a doutrinação do espírito perturbado, por parte de um espiritista convicto?
>
> – A cooperação do companheiro vale muito e faz sempre grande bem, principalmente ao desencarnado; mas a cura completa do médium não depende tão só desse recurso, porque, se é fácil, às vezes, o esclarecimento da entidade infeliz e sofredora, a doutrinação do encarnado é a mais difícil de todas, visto requisitar os valores do seu sentimento e da sua boa vontade, sem o que a cura psíquica se torna inexequível. (Emmanuel – *O consolador*, questão 394)

No processo desobsessivo nem sempre há garantia de sucesso, pois isso depende de algumas variáveis fora do domínio do doutrinador.

A ORGANIZAÇÃO DE UMA REUNIÃO MEDIÚNICA

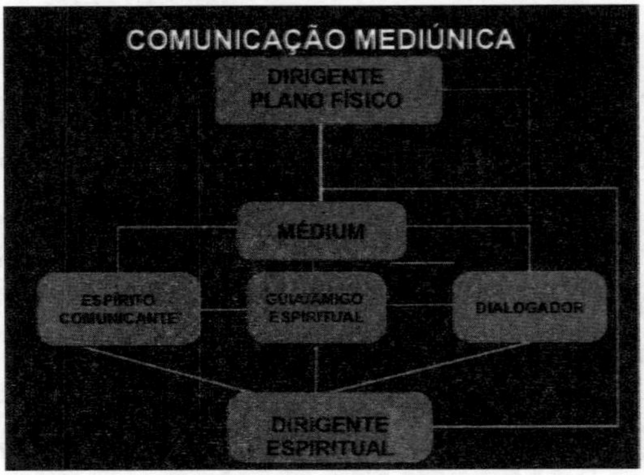

A PROTEÇÃO E A DEFESA DO CENTRO ESPÍRITA

Desdobravam-se os serviços da casa, harmoniosamente. Três guardas espirituais entraram na sala, conduzindo infeliz irmão ao socorro do grupo.

Era infortunado solteirão desencarnado que não guardava consciência da própria situação. Incapaz de enxergar os vigilantes que o traziam, caminhava à maneira de um surdo-cego, impelido por forças que não conseguia identificar.

— É um desventurado obsessor, que acabam de remover do ambiente a que, desde muito tempo, se ajusta — informou Áulus, compadecido. - Desencarnou em plena vitalidade orgânica, depois de extenuar-se em festiva loucura. Letal intoxicação cadaverizou-lhe o corpo, quando não possuía o menor sinal de habilitação para conchegar-se às verdades do espírito. (André Luiz - *Nos domínios da mediunidade*)

ORDENS DO GOVERNADOR

Determinou que todas as prisões da Regeneração fossem postas em funcionamento para isolamento dos mais rebeldes, advertiu o Ministério do Esclarecimento, cujo atrevimento já vinha aturando por mais de 30 anos, proibiu temporariamente o auxílio às regiões inferiores e, pela primeira vez durante sua administração, mandou ligar as baterias elétricas das muralhas da cidade, para a defesa geral com a emissão de dardos magnéticos. (André Luiz - *Nosso Lar*).

O FOGO PURIFICADOR – *OBREIROS DA VIDA ETERNA*

Entregávamo-nos, tranquilos, ao trabalho, quando indescritível choque atmosférico abalou o escuro céu. Clarão de terrível beleza varou o nevoeiro de alto a baixo, oferecendo, por um instante, assombroso espetáculo.

Não era bem o relâmpago conhecido na Crosta, por ocasião das tempestades. Observava-se, ali, o contrário: a tormenta de fogo ia começar, metódica e mecanicamente.

André experimentava um angustioso pavor, mas o Assistente Jerônimo revelava-se tão calmo que a sua serenidade era contagiante: É o primeiro aviso da passagem dos desintegradores. A distância de muitos quilômetros, víamos os clarões da fogueira ateada pelas faíscas elétricas na desolada região. O assessor comunicou que a Casa deveria partir dentro de 4 horas, e em virtude disso grande seria o número de infortunados a procurar-lhe as portas. O trabalho dos desintegradores etéricos, invisíveis para nós, tal a densidade ambiente, evita o aparecimento das tempestades magnéticas que surgem, sempre, quando os resíduos inferiores de matéria mental se amontoam excessivamente no plano. Outro trovão e o fogo riscou em diversas direções.

A ARGUMENTAÇÃO DA LÓGICA E DO AMOR

- Saber ouvir atendendo as reais necessidades do espírito.

- Dialogar a partir do que o espírito diz.
- Não provocar conflitos.
- Situar o espírito no tempo e no espaço.
- Revelar o estado de desencarnação com cuidado.

O doutrinador deve atender a um comunicante de cada vez, pois isso facilitará a que use sua intuição. Deve perceber o nível de compreensão do espírito e buscar falar de uma forma simples e clara para que seja entendido.

Em caso de dor, antes de qualquer diálogo, procure socorrer o comunicante.

Siga sua intuição; ouça o que ele vai falando ou demonstrando fisicamente.

Queixando-se de frio: estou colocando um cobertor em seu corpo e isso vai lhe aquecer.

Dor na cabeça, na barriga: aqui é um posto de socorro e o médico ao seu lado está aplicando um analgésico que vai parar sua dor em segundos.

Estou enterrado em um buraco, está escuro: pegue na minha mão, pois vamos tirá-lo daí agora.

Estou acorrentado: vamos te desacorrentar agora e estará livre...

A PREPARAÇÃO DO AMBIENTE PELOS TÉCNICOS

Nas reuniões de atendimento a sofredores, em especial, há obreiros desencarnados que executam serviços de preservação e vigilância. Dividem a sala da reunião em faixas fluídicas, formando compartimentos, onde ficam restritos os sofredores, de forma a limitar-lhes a zona de influenciação sobre os encarnados. Essas faixas nada mais são do que divisões magnéticas que impedem o deslocamento dos sofredores, sobretudo os mais desarmonizados.

O próprio ar é magnetizado ou ionizado. "A ionização é, por assim dizer, um processo de eletrificação e de purificação do ambiente, pois o ozônio é um bactericida. A sua finalidade é possibilitar a combinação de recursos para efeitos elétricos e magnéticos". A ionização torna o ar asséptico, livre de impurezas mentais, propiciando condições à manifestação dos espíritos.

É importante lembrar que o intercâmbio mediúnico realizado em uma reunião séria não é feito de improviso: há todo um planejamento de atividades e de encaminhamento de espíritos sofredores que deverão ser atendidos. Este trabalho, realizado sob a tutela de benfeitores espirituais, implica organização e método, utilização de equipamentos e instrumentos instalados, interna e externamente, ao local da reunião, que são manuseados por espíritos especialistas.

ESQUEMA DE FUNCIONAMENTO DOS RECURSOS PROTETORES À REUNIÃO MEDIÚNICA

FAIXA Nº 1 – Faixa de isolamento e proteção dos componentes da mesa e das entidades admitidas à comunicação.
FAIXA Nº 2 – Faixa de fiscalização e controle de entidades necessitadas fora da faixa nº 1.
FAIXA Nº 3 – Circundando o edifício, para evitar a invasão de entidades desordeiras.

Pavilhão ou Gabinete assistencial – Contendo leitos, padiolas, medicamentos, utensílios médicos, etc.

QUANDO USAR O ACONCHEGO

Sofredores, suicidas, os que desconhecem sua situação, viciados em álcool, drogas, descrentes, dementados, amedrontados...

Use o bom-senso

QUANDO USAR A DISCIPLINA

Zombeteiros, desafiantes, mistificadores, aliciados para obsidiar, os que desejam tomar o tempo da reunião...

Use o bom-senso

BAIXANDO A VIBRAÇÃO PARA SE FAZER SENTIR

> O benfeitor espiritual que ora nos dirige – acentuou o nosso instrutor – parece mais pesado porque amorteceu o elevado tom vibratório em que respira habitualmente, descendo à posição de Raul (dirigente encarnado), tanto quanto lhe é possível, para benefício do trabalho começante. Influencia agora a vida cerebral do condutor da casa, à maneira de um musicista emérito manobrando, respeitoso, um violino de alto valor, do qual conhece

a firmeza e a harmonia. (*Nos domínios da mediunidade* – André Luiz)

COOPERAÇÃO MENTAL

Tanto o amigo que orienta o irmão infortunado quanto os companheiros que o escutam abrigarão na alma a simpatia e a solidariedade, como se estivessem socorrendo um parente, dos mais queridos, para que o necessitado encontre apoio real no socorro que lhe seja ministrado. (*Desobsessão* – André Luiz)

INTERFERÊNCIA DO BENFEITOR

Em casos de desencarnados em absoluto empedernimento, o mentor espiritual, se considerar oportuno, ocupará espontaneamente outro médium e partilhará o serviço do esclarecimento, dirigindo-se ao comunicante ou ao médium que o expõe, ficando por outro lado, o dirigente com a possibilidade de recorrer à intervenção do orientador referido se julgar necessário. (*Desobsessão* – André Luiz)

"Cada espírito receberá os bens e os males do patrimônio infinito da vida de conformidade com as próprias obras". (Emmanuel – Chico Xavier)

20

OS PASSOS DO DOUTRINADOR, SEGUNDO FRANCISCO

FRANCISCO É UM frade franciscano que me acompanha e me ensina desde a minha mocidade, quando cheguei amando o espiritismo, na Mocidade Espírita Mário Rocha. Esteve comigo e está em todas as etapas da minha vida, ensinando, exemplificando, incentivando, amando-me sem que eu possa retribuir ou mesmo merecer tal privilégio.

Quando adentrei os caminhos da doutrinação ele me propôs seguir cinco passos nessa trilha, prometendo-me percorrê-la comigo e dizendo não ter o tempo, nesse aprendizado, muita importância, mas o esforço diário no sentido de atingir uma meta. Se eu conseguisse retornar a nossa casa, no plano espiritual, disse-me ele, com os cinco passos percorridos, adiantaríamos algumas encarnações, pois as seguintes, para mim planejadas, estavam voltadas para a aquisição das virtudes contidas nesses passos.

Aceitei confiante, pois ele me prometera estar comigo em todo o caminho. Eu quase nada sabia sobre o que ele me propunha, mas qual criança desamparada, atirei-me em seus braços e comecei a trabalhar.

O primeiro passo era ler, pesquisar, aprender tudo que me chegasse às mãos sobre espiritismo. Tive a grata surpresa de já saber intuitivamente boa parte do que lia. Permaneci no grupo de educação da mediunidade e, com a desencarnação do doutrinador, assumi o posto a pedido do meu mestre. Vi então que doutrinar era apenas conversar com um amigo, mas que essa conversa devia ter a roupa do sentimento, senão nenhum efeito causaria. Caminhei assim por cinco anos até que ele me chamou para o segundo passo.

Neste ele propunha trabalhar minha sensibilidade. Era seu desejo que eu estendesse a doutrinação para fora do centro espírita. Quando você coloca um poema, uma mensagem positiva exposta ao público ela vai gerar resultados surpreendentes. Os amantes o copiarão, citarão para seus amados, pais lerão para seus filhos, amigos farão referência para outros, gera uma ciranda benéfica a espalhar otimismo e saneamento mental.

Isso é ser doutrinador por inteiro, a tarefa para qual eu nasci, disse-me ele, e não para ser meio doutrinador, um doutrinador mais ou menos, atuando apenas uma hora por semana. Era preciso sentir piedade, registrar pelas fibras da alma o drama sem que o comunicante percebesse. Era preciso adiantar-me ao pedido, revestir tudo que visse com essa piedade natural, como se o sofrimento fosse um gatilho que me enviasse aos planos de Deus para aquele momento. O sofrimento observado, sem nenhum traço masoquista, seria a matéria-prima da minha vida. Deveria fazer tudo para atenuá-lo. Então ele me mandou escrever poemas, me levou a compor músicas para a evangelização infantil, a ver determinados filmes que invariavelmente me faziam chorar. Ele preparava minha alma para a sensibilidade, para a beleza, para a piedade.

Escrevi centenas de poemas com ele sempre ao lado. Falei sobre o mar, a chuva, os abraços, as mulheres, o tempo, a vida, enfim sobre tudo, o que levou minha linguagem e a maneira de me expressar a um diferencial bem típico de alguém romântico, diriam alguns, por falta de observação ou desconhecimento do que me ocorria. Aprendi a ver beleza em tudo, mesmo no sofrimento, pois este é a outra face da paz. Comecei a coletar nomes de suicidas de jornais, dos programas radiofônicos, das conversas do povo e a colocá-los em um caderno de preces e vibrações para orar por eles.

Prometi a mim mesmo que toda reunião que dirigisse dali para diante o primeiro minuto seria para eles, esses irmãos amados que haviam tentado desistir de viver. E assim tem sido até hoje. Escolhi para enviá-los aonde estivessem, a mensagem do Salmo de Davi: "o Senhor é meu pastor, nada me faltará". Por muitas vezes tenho encontrado com ex-suicidas que me escrevem através da psicografia, me agradecem nas reuniões através de psicofonia, se enternecem ainda com as palavras do salmo. Fazendo uma palestra no interior da Bahia, certa feita, um senhor veio até mim amparado por sua filha e me deu pequeno bilhete acompanhado de um abraço e de algumas lágrimas. Quando abri o bilhete ali estava um agradecimento pelo auxílio prestado naqueles minutos. Então desabei a chorar também. Era do seu filho que havia se suicidado e me encontrara ali, a centenas de quilômetros da minha casa.

Minha sensibilidade transformou-me em alguém que vê, em primeiro lugar, a dor do outro, antes que sua alegria disfarçada tente me convencer de que ele é feliz. Vejo e sinto a dor dos meus irmãos, por isso os entendo e sei que não sou melhor do que eles. A sensibilidade abre as portas para o amor, passo mais difícil que deveria enfrentar um dia com a finalidade de apreendê-lo.

Passados alguns anos Francisco me convocou, durante o sono físico, para o terceiro passo. Ministrar cursos e palestras. Tudo que eu havia aprendido na primeira fase, que na verdade não terminaria nunca, pois o espírito aprende sempre e acumula esses conhecimentos, deveria ser exposto para meus irmãos encarnados e desencarnados. Então comecei as viagens por todo o Brasil, pelos interiores, pelos bairros, na verdade aonde fosse chamado. Meu professor sempre me acompanhava junto com Tibiriçá, uma escolta de muito valor dividida entre a força-coragem e a ternura-conhecimento. Emmanuel disse que a maior caridade que se faz ao espiritismo é divulgá-lo; investi nessa verdade.

Às vezes sentia-me cansado, mas Francisco estava lá onde eu estivesse, permanecia ao meu lado durante toda a palestra, em pé como um guerreiro ou como um pai velando pelo seu filho, com seus conselhos e seus olhos de menino. Certa feita disse: "meu filho, eu sei que cada vitória sua esconde uma renúncia, mas Deus lhe dará em dobro tudo quanto você tem ofertado aos outros."

Mais alguns anos e ele me revelou que eu estava pronto para o quarto passo, escrever livros. Quando ele fez esta revelação eu já tinha alguns livros escritos e guardados, principalmente para meu uso. Escrevi mais de cinquenta livros. Não havia literatura sobre doutrinação e produzi três livros sobre o assunto: *Diário de um doutrinador, Doutrinação – a arte do convencimento e Doutrinação – diálogos e monólogos*. Este último narra a atuação de Francisco junto a crianças autistas e com síndrome de Down. Esse período foi o mais longo. Cada fase que se iniciava não desligava as demais já percorridas.

Então, por último veio o passo final, o mais difícil e delicado, conhecer o amor, entendê-lo, aceitá-lo, vivenciá-lo. Mas não deveria procurar no exterior. Chegara o tempo de saber e de agir como Jesus aconselhara. Buscar o reino de Deus dentro de mim. "Tudo que você precisa", disse-me ele, "está com você e em você. Aonde for terá meios e recursos de aprender, independente do que exista ao seu redor. Você é um deus, tem o universo em si, seu mundo agora é você mesmo".

Não estou pronto para isso. Aprendo aos poucos sobre o amor. Ele é como Deus, pois é sua principal essência. Qual Kardec fez para definir Deus, não dizendo o que Ele é, mas o que Ele não pode ser, o mesmo podemos fazer com relação ao amor. O amor é, sobretudo, doação.

Quando amo alguém, vejo também essa pessoa com os olhos da piedade ou da sensibilidade, como costuma dizer, Francisco. Sinto amor e sinto medo pelo que ela não sabe, não aprendeu ainda, pelo desconhecimento do próprio amor. Sofro quando ela erra as prioridades, quando prefere alguns anos de uma alegria incompleta e passageira ao invés da profunda alegria espiritual que, geralmente só virá depois, quando liberto estiver o espírito da vestimenta biológica. Não tenho autoridade nenhuma, sabedoria nem autorização para falar sobre as escolhas das pessoas. O livre-arbítrio é sagrado e deve ser respeitado integralmente. Atualmente procuro descobrir dentro de mim assuntos que não encontro em livros, pois lá existe conhecimento de muitas existências, as razões pelas quais tenho tais ou tais preferências. Estou aprendendo a reconhecer pessoas que foram importantes para mim em outras instâncias da vida. A voz secreta e a certeza discreta já começam a funcionar sob a orientação ainda, do meu velho amigo e professor Francisco.

Determinadas pessoas, sei que não as encontro, mas as reencontro, reconheço, identifico sem ser identificado, pois a outra pessoa ainda não aprendeu a utilizar os recursos de que dispõe para tais reconhecimentos. Não sei como isso ocorre, mas sei que é real e traz, às vezes, bastante sofrimento.

Nada digo a essas pessoas sobre o que sei delas, como nos relacionamos alhures, até mesmo porque elas não acreditariam. Julgariam, quem sabe, que quero algum crédito, coisa que o amor já descartou da minha vida, o interesse material.

O certo é que inicio apenas esse quinto passo. Um passo para toda a vida, como diz Francisco. Meu exemplo serve apenas para mim. Cada um crie seus passos. Mas na certeza de que o amor será o mais necessário e o mais difícil de ser conquistado.

Minha alma tornou-se limpa, clara, com relação a essa função de doutrinar, até certo ponto uma alma feminina pela doçura que a reveste. Aqui não estou falando de polaridade sexual, mas de ternura, encanto e piedade. Não sei onde isso vai terminar, mas sei que estou em boas mãos e isso para mim é o suficiente.

Todo aquele que tem pretensão de ser um doutrinador, que estude bastante e se desnude das velhas cascas do egoísmo, do orgulho, da vaidade e de outros vícios da alma, porque traje de doutrinador é a singela túnica da humildade e as modestas sandálias da piedade.

Que veja seus irmãos com o olhar da caridade e da disciplina quando esta for necessária. E que Deus o ajude a ser fiel a seus mentores sob pena de penosas recapitulações por caminhos cravejados de pontiagudos pedregulhos.

21

CONCLUSÃO

É SEMPRE UMA grande alegria terminar um trabalho espírita. Principalmente quando ele se destina a auxiliar companheiros que necessitam dele. Este trabalho é uma pesquisa sobre as obras de Kardec, André Luiz e Emmanuel naquilo em que se referem à mediunidade e à doutrinação. Não tive a preocupação de assinalar tudo, pois a pretensão é de que seja uma síntese com o que de mais urgente e importante eles tenham escrito para este tema. É necessário que os aprendizes, aqueles que participam dos cursos, se motivem a complementar as lacunas não fechadas por falta de espaço e por necessidade pedagógica.

O mais importante a ser ressaltado neste trabalho é que doutrinar não é diálogo estéril destituído de sentimento. É aconselhamento, orientação evangélica, amparo fraternal, amor aos que sofrem. Esta tarefa não requer apenas subsídios teóricos, mas, sobretudo, doação de si próprio na moeda do sentimento.

Sem isso a doutrinação torna-se conversa estéril, agressão, narração de dramas, lágrimas e desesperos lançados ao espaço sem um receptáculo amoroso que os recolha e encaminhe. Recebe aquele que busca a palavra ou o auxílio na reunião como quem recebe um familiar muito amado. Oferece do seu saber e do seu sentimento. O saber não pode ser destituído de sabor, senão terá sido apenas um estranho que não deixou nenhuma marca.

Saber e sabor têm o mesmo radical. Alimenta, pois, o que lhe busca com ambos. Lembre-se de que Jesus disse: "se o sal perde seu sabor para que serve?" A mesma analogia podemos fazer com relação ao seu diálogo. Se nele seu saber perde o sabor para que serve?

Na doutrinação o trabalho merece a definição de Khalil Gibran quando o denominou de amor feito visível. Portanto, adentra o sagrado solo de uma reunião de desobsessão com a ideia madura e bem estruturada: vou amar hoje como se esta fosse a minha última reunião na qual doutrino enquanto encarnado. E Deus, que a tudo assiste, o inspirará e jamais o deixará cair nas teias do engodo e da mistificação.

E que Jesus, o governador desta Terra, médico divino, pastor de nossas almas, modelo e guia da humanidade, dono dos meus amores, jamais permita que a dor nos paralise nem a felicidade nos embriague.

BIBLIOGRAFIA

KARDEC, Allan. *A Gênese*. Trad. Guillon Ribeiro. 5ª ed. Rio de Janeiro-RJ, FEB, 1975.

________. *Instruções práticas sobre a manifestação dos espíritos*. Trad. Cairbar Schutel. 8ª ed. Matão-SP, O Clarim, 2012.

________. *O Céu e o Inferno*. Trad. Guillon Ribeiro. 19ª ed. Rio de Janeiro-RJ, FEB, 1963.

________. *O Evangelho segundo o Espiritismo*. Trad. Matheus Rodrigues de Camargo. 1ª ed. Capivari-SP, Editora EME, 2000.

________. *O Livro dos Espíritos*. Trad. Torriere Guimarães. 2ª ed. São Paulo-SP, Opus Editora Ltda, 1985.

________. *O Livro dos Médiuns*. Trad. J. Herculano Pires. 6ª ed. São Paulo-SP, LAKE, 1978.

________. *Obras Póstumas.* Trad. Salvador Gentile. 1ª ed. Araras-SP, IDE, 1993.

PINHEIRO, Luiz Gonzaga. *Diário de um doutrinador,* 1ª ed. Capivari-SP, EME, 1998.

________. *Doutrinação: a arte do convencimento,* 1ª ed. Capivari-SP, EME, 2003.

________. *Doutrinação: diálogos e monólogos,* 1ª ed. Capivari-SP, EME, 2003.

________. *O perispírito e suas modelações,* 2ª ed. São Paulo-SP, EME, 2001.

PEREIRA, Yvonne. *Memórias de um suicida,* 1ª ed. Rio de Janeiro-RJ, FEB, 1955.

________. *Dramas da obsessão.* 1ª ed. Rio de Janeiro-RJ, FEB, 1964.

________. *Devassando o invisível.* 1ª ed. Rio de Janeiro-RJ, FEB, 1963.

________. *Recordações da mediunidade.* Rio de Janeiro-RJ, FEB, 1968.

OUTRAS FONTES CONSULTADAS:

Revista Espírita – Jornal de estudos psicológicos: o periódico, com a função de divulgar a doutrina espírita, foi lançado por Allan Kardec com recursos próprios, em 1 de janeiro de 1858 em Paris, com o nome de **Revue Spirite**. Tinha como subtítulo *"Journal D'Études Psychologiques"*, uma vez que igualmente eram publicados estudos sobre aspectos da psicologia humana. O seu primeiro número apresentava 36 páginas. Kardec foi o diretor da revista até o seu falecimento, em 31 de março de 1869. Ele utilizava a revista para o desenvolvimento e debate de ideias que seriam, muitas delas, após consolidadas, transferidas para os livros da codificação espírita.

SÉRIE ANDRÉ LUIZ
(Coleção, A vida no mundo espiritual, composta pelas seguintes obras)

- *Nosso Lar* (1944)
- *Os mensageiros* (1944)
- *Missionários da luz* (1945)
- *Obreiros da vida eterna* (1946)
- *No mundo maior* (1947)
- *Libertação* (1949)
- *Entre a Terra e o Céu* (1954)
- *Nos domínios da mediunidade* (1955)
- *Ação e reação* (1957)
- *Evolução em dois mundos* (1959, em colaboração com Waldo Vieira)
- *Mecanismos da mediunidade* (1960, em colaboração com Waldo Vieira)
- *Sexo e destino* (1963, em colaboração com Waldo Vieira)
- *E a vida continua...* (1968)

OBRA DE HERMÍNIO MIRANDA
(aconselhada para quem pretende prosseguir na missão de doutrinador)

- *A dama da noite* (coleção "Histórias que os espíritos contaram")
- *A irmã do vizir* (coleção "Histórias que os espíritos contaram")
- *A memória e o tempo*
- *A noviça e o faraó – a extraordinária história de Omm Sety*
- *A reencarnação na Bíblia*
- *A reinvenção da morte* (incorporada ao livro *As duas faces da vida*)
- *Alquimia da mente*
- *Arquivos psíquicos do Egito*
- *As duas faces da vida*
- *As mãos de minha irmã* (coleção "Histórias que os espíritos contaram",)
- *As marcas do Cristo,* publicada em dois volumes: 1 – *Paulo, o apóstolo dos gentios;* 2 – *Lutero, o reformador*
- *As mil faces da realidade espiritual*
- *As sete vidas de Fénelon* (série "Mecanismos secretos da história")
- *Autismo, uma leitura espiritual*
- *Candeias na noite escura*
- *Com quem tu andas?* (com Jorge Andrea dos Santos e Suely Caldas Schubert)
- *Condomínio espiritual*
- *Cristianismo: a mensagem esquecida*
- *De Kennedy ao homem artificial – crônicas de um e de outro* (com Luciano dos Anjos)

- *Diálogo com as sombras*
- *Diversidade dos carismas*
- *Estudos e crônicas*
- *Eu sou Camille Desmoulins* (com Luciano dos Anjos)
- *Guerrilheiros da intolerância* (série "Mecanismos secretos da história")
- *Hahnemann, o apóstolo da medicina espiritual*
- *Lembranças do futuro* (incorporada ao livro *As duas faces da vida*)
- *Memória cósmica*
- *Nas fronteiras do Além*
- *Nossos filhos são espíritos*
- *O espiritismo e os problemas humanos* (com Deolindo Amorim)
- *O estigma e os enigmas*
- *O evangelho gnóstico de Tomé*
- *O exilado* (coleção "Histórias que os espíritos contaram")
- *O mistério de Patience Worth* (com Ernesto Bozzano)
- *O pequeno laboratório de Deus* (anteriormente intitulada *Negritude e genealidade*)
- *O que desejamos fazer do espiritismo?*
- *O que é fenômeno anímico* (série "Começar")
- *O que é fenômeno mediúnico* (série "Começar")
- *Os cátaros e a heresia católica*
- *Os procuradores de Deus*
- *Os senhores do mundo*
- *Reencarnação e imortalidade*
- *Sobrevivência e comunicabilidade dos espíritos*
- *Swedenborg, uma análise crítica*

OBRA DE MANOEL PHILOMENO DE MIRANDA
(essencial para doutrinadores)

- *Nos bastidores da obsessão* – 1970 FEB
- *Grilhões partidos* – 1974 LEAL
- *Tramas do destino* – 1976 FEB
- *Nas fronteiras da loucura* – 1982 LEAL
- *Painéis da obsessão* – 1984 LEAL
- *Loucura e obsessão* – 1988 FEB
- *Temas da vida e da morte* – 1996 FEB
- *Trilhas da libertação* – 1996 FEB
- *Tormentos da obsessão* – 2001 LEAL
- *Sexo e obsessão* – 2003 LEAL
- *Entre os dois mundos* – 2006 LEAL
- *Reencontro com a vida* – 2006 LEAL
- *Transtornos psiquiátricos e obsessivos* – 2009 LEAL
- *Transição planetária* – 2010 LEAL
- *Mediunidade: Desafios e bênçãos* – 2012 LEAL
- *Amanhecer de uma nova era* – 2012 LEAL
- *Perturbações espirituais* – 2015 LEAL

Quer um conselho realmente útil? Leia tudo que possa sobre o assunto e escolha aquilo que sua consciência julgue útil e necessário ao estágio missionário em que se encontra, pois doutrinador que não estuda é facilmente mistificado.

CONHEÇA DO MESMO AUTOR:

Mediunidade para iniciantes

Luiz Gonzaga Pinheiro

14x21 cm • 184 páginas

A possibilidade de comunicação entre vivos e mortos é um tema que interessa a cada um em particular. Este estudo que Luiz Gonzaga Pinheiro nos apresenta é fundamental para os que desejam se informar sobre o que significa a mediunidade, tornando-nos mais aptos a perceber os seus sinais em nossa vida.

Diário de um doutrinador

Luiz Gonzaga Pinheiro

14x21 cm • 216 páginas

É obra que enfoca, através de relatos sintéticos e de fácil assimilação, a realidade de uma reunião de desobsessão. São narrados fatos reais, onde a necessidade de conhecimento doutrinário, da aquisição da disciplina moral e mental são indispensáveis. Recomenda-se como livro obrigatório para médiuns, dirigentes e doutrinadores em centros espíritas.

O perispírito e suas modelações

Luiz Gonzaga Pinheiro

16x23 cm • 352 páginas

Com este trabalho o autor vai mergulhar mais fundo no fascinante oceano espiritual. Obra imperdível para conhecer sobre o perispírito, suas modelações e os reflexos das atitudes no corpo espiritual. "Uma notável contribuição para o espiritismo brasileiro", no dizer do escritor Ariovaldo Cavarzan.

VOCÊ PRECISA CONHECER

O evangelho de Maria Madalena
José Lázaro Boberg
Estudo • 14x21 cm • 256 pp.

Neste livro, José Lázaro Boberg busca reconstruir a verdade sobre Maria Madalena, uma das personagens femininas mais fortes da literatura antiga e que está presente nas reflexões espíritas. O que dizem os outros evangelhos? Ela foi esposa de Jesus? Foi prostituta? Foi a verdadeira fundadora do cristianismo?

Getúlio Vargas em dois mundos
Wanda A. Canutti / Eça de Queirós (espírito)
Romance mediúnico • 16x22,5 • 344 pp.

Getúlio Vargas realmente suicidou-se? Como foi sua recepção no mundo espiritual? Qual o conteúdo da nova carta à nação, escrita após sua desencarnação? Saiba as respostas para estas e outras perguntas, agora em uma nova edição, com nova capa, novo formato e novo projeto gráfico.

A vingança do judeu
Vera Kryzhanovskaia / J. W. Rochester (espírito)
Romance mediúnico • 16x22,5 • 424 pp.

O clássico romance de Rochester agora pela EME, com nova tradução, retrata em cativante história de amor e ódio, os terríveis fatos causados pelos preconceitos de raça, classe social e fortuna e mostra ao leitor a influência benéfica exercida pelo espiritismo sobre a sociedade.

Não encontrando os livros da **EME** na livraria de sua preferência,
solicite o endereço de nosso distribuidor mais próximo de você:
Fones: (19) 3491-7000 / 3491-5449
(claro) 9 9317-2800 (vivo) 9 9983-2575
E-mail: vendas@editoraeme.com.br – Site: www.editoraeme.com.br

/editoraeme **@editoraeme** **@EditoraEme** **editoraemeoficial**